VERSICHERUNGSCHECK FÜR RENTNER

VERSICHERUNGS-CHECK FÜR RENTNER

Isabell Pohlmann

Stiftung Warentest

ZU DIESEM BUCH

Für die Kunden über 60 haben sich die Versicherungsunternehmen einiges einfallen lassen: Allen, die vor der Rente stehen oder bereits Rentner sind, stehen besondere Versicherungsprodukte und Seniorentarife offen. Sie können zum Beispiel eine Sterbegeldversicherung oder Unfallschutz mit besonderen Hilfeleistungen abschließen und aus unterschiedlichen Produkten wählen, um die Lücken der gesetzlichen Pflegeversicherung zu schließen. Aber: Was davon ist wirklich wichtig? Welche Verträge sind sinnvoll und auf welchen Schutz können Sie getrost verzichten?

Dieser Ratgeber beantwortet die Fragen, die im Ruhestand oder kurz davor auftauchen. Sie erfahren,

- welche Versicherungen Sie unabhängig vom Alter benötigen,
- welche Verträge Sie mit Rentenbeginn umstellen sollten,
- wie Sie passende Verträge abschließen und überflüssige loswerden können,
- worauf Sie in den Vertragsbedingungen der jeweiligen Angebote achten sollten und
- bei welchen Veränderungen in Ihrem Leben Sie auch Ihren Versicherungsschutz umstellen sollten.

So sind Sie für das nächste Gespräch mit Ihrem Versicherungsvermittler gewappnet, und er wird es schwerer haben, Ihnen Überflüssiges zu verkaufen.

Auch wenn es mühsam ist, Angebote zu vergleichen, sich durch seitenlange Vertragsbedingungen zu kämpfen und Kündigungsmöglichkeiten auszuloten: Nehmen Sie sich die Zeit dafür. Mit dem passenden Schutz können Sie meistens nicht nur Beiträge sparen. Sie ersparen sich oft auch späteren Frust, wenn Sie tatsächlich einmal auf die Leistungen eines Versicherers angewiesen sind.

INHALT

DEN SCHUTZ ANPASSEN

Über 3000 Euro geben die Haushalte in Deutschland jedes Jahr für Versicherungen aus. Eine Garantie für ausreichenden oder gar optimalen Schutz ist diese Summe noch lange nicht. Der Start in den Ruhestand ist ein passender Zeitpunkt, den Versicherungsordner zu durchforsten, den Schutz der neuen Lebenssituation anzupassen und überflüssige Verträge zu kündigen.

RENTNER ALS WILLKOMMENE ZIELGRUPPE

Der letzte Arbeitstag ist vorbei, der neue Lebensabschnitt „Ruhestand" hat begonnen. Wer jetzt glaubt, einfach nur „Rentner" oder „Ruheständler" zu sein, liegt zumindest in den Augen vieler Verkaufs- und Werbefachleute falsch. Für sie sind alle, die nicht mehr im Erwerbsleben stehen, viel mehr: Sie gehören zur „Generation 50 plus" oder „55plus"; sie zählen zu den „Best Agern", zur „goldenen Generation" oder einfach zu den „jungen Alten". Da die Lebenserwartung weiter steigt und immer mehr Menschen deutlich älter werden, nehmen auch die Angebote zu, die sich speziell an diese Generation richten. Die Palette reicht von Kosmetikprodukten über besondere Reiseangebote bis hin zu Finanzdienstleistungen, die auf die Bedürfnisse der Über-60-Jährigen zugeschnitten sind.

Auch die Versicherungswirtschaft hat sich ihre Gedanken gemacht. Mit Seniorentarifen versuchen die Unternehmen, Kunden zu gewinnen oder zu halten. Außerdem haben sie spezielle Versicherungen entwickelt, die möglichst nah auf eine ältere Zielgruppe zugeschnitten sind. Dazu zählen zum Beispiel die Sterbegeldversicherung und eine Unfallversicherung mit besonderen Hilfeleistungen für Senioren. Auch das Thema Pflege und die hohen Kosten, die bei Pflegebedürftigkeit entstehen, werden häufig genutzt, um für eine private Zusatzabsicherung zu werben.

Das gezielte Angebot ist erfolgreich, gerade weil viele Rentner besorgt sind, sich beispielsweise die Pflege zu Hause beziehungsweise im Heim oder die Beerdigungskosten nicht selbst leisten zu können, und somit befürchten, den eigenen Kindern später einmal auf der Tasche zu liegen.

DEN SCHUTZ OPTIMIEREN, GELD SPAREN

Die Angebotspalette der Versicherungsunternehmen ist groß. Doch längst nicht alles, was sie ihren Kunden verkaufen möchten, ist in jedem Fall empfehlenswert.

Bei der Entscheidung, ob man einen bestimmten Vertrag abschließen sollte, helfen die folgenden Fragen.

- **Welcher Schutz ist zwingend notwendig?** Ohne einen solchen Schutz wäre im Schadensfall die Familie oder der Versicherte ruiniert. Dazu gehört beispielsweise die private Haftpflichtversicherung. Zu den zwingend notwendigen Versicherungen zählt außerdem die Kfz-Haftpflichtversicherung. Sie ist gesetzlich vorgeschrieben genauso wie die Krankenversicherung.
- **Welcher Schutz ist sehr zu empfehlen?** Fehlt dieser Schutz, wäre im Schadensfall die finanzielle Existenz bedroht. Zu diesen Policen zählt zum Beispiel die Wohngebäudeversicherung für Immobilienbesitzer oder die Auslandsreise-Krankenversicherung für alle, die gesetzlich krankenversichert sind. Auf jemanden, der während einer Auslandsreise vor Ort operiert werden und anschließend zur weiteren Behandlung nach Deutschland zurücktransportiert werden muss, können sonst je nach Reiseland Kosten von einigen Zehntausend Euro zukommen, die er selbst tragen muss.
- **Welcher Schutz ist sinnvoll?** Fehlt dieser Schutz, können Kosten entstehen, die die Geschädigten empfindlich treffen, die aber anders

als etwa ein abgebranntes Wohnhaus nicht die finanzielle Existenz bedrohen müssen. Zum sinnvollen Schutz zählt zum Beispiel der Vollkaskoschutz für das eigene Fahrzeug, wobei immer die persönliche Situation entscheidend dafür ist, ob der Vertrag abgeschlossen wird: Wer sich beispielsweise nicht vorstellen kann, einen selbstverursachten Schaden an seinem fünf Jahre alten, bestens gepflegten Auto aus eigener Tasche zahlen zu können, sollte weiterhin Vollkaskoschutz für sein Auto behalten. Zwingend notwendig ist dieser Schutz aber nicht. Je nach Zustand des Wagens können die Besitzer nach den ersten Jahren auch darauf verzichten.

- **Welcher Schutz ist überflüssig?** Diese Versicherung deckt nur ein kleines Risiko ab. Oder der Kunde kann einen möglichen Schaden selbst tragen. Zu diesen Policen zählt zum Beispiel eine Glasversicherung oder eine Reisegepäckversicherung.

DEN GRÖSSTMÖGLICHEN SCHADEN VOR AUGEN
Wenn Sie unsicher sind, ob Sie eine Versicherung abschließen wollen oder nicht, orientieren Sie sich an folgender Regel: Überlegen Sie sich, wie hoch der größtmögliche Schaden sein kann, den die angebotene Versicherung übernimmt. Kommen Sie zu dem Ergebnis, dass Sie diesen Schaden nicht aus eigenen Mitteln zahlen können, sollten Sie die Versicherung abschließen. Außerdem hilft Ihnen unsere Übersichtstabelle auf Seite 12, die zeigt, welche Policen in der Regel „zwingend notwendig", „sehr zu empfehlen", „sinnvoll" oder „überflüssig" sind.

Zu wenig Schutz, zu viele überflüssige Versicherungen

Ein Blick auf Statistiken der Versicherer zeigt, dass längst nicht alle Versicherten bei ihrem Schutz die richtigen Prioritäten setzen. So bestätigen sich jedes Jahr zum Beispiel folgende Werte: Rund 77 Prozent der Haushalte in Deutschland haben eine Hausratversicherung abgeschlossen, aber nur 70 Prozent eine private Haftpflichtversicherung. Eigentlich sollte die Reihenfolge umgekehrt sein, denn die private Haftpflichtversicherung gehört zu den Policen, die für jeden Haushalt ein absolutes Muss sind. Sie ist zwar nicht gesetzlich vorgeschrie-

DER VERSICHERUNGSBEDARF IM RUHESTAND

So lesen Sie die Tabelle:

++ Unbedingt notwendig: Auf diesen Schutz sollten Sie keinesfalls verzichten.
+ Sehr zu empfehlen: Diesen Schutz sollten Sie nach Möglichkeit haben.
+ Sinnvoll: Dieser Schutz ist sinnvoll, muss aber nicht unbedingt sein.
– Überflüssig: Darauf können Sie gut verzichten.

Art der Versicherung	Wie wichtig?	Für wen?
Schadenersatzforderungen		
Privathaftpflichtversicherung	++	Den Schutz benötigt jeder (Seite 45)
Kfz-Haftpflichtversicherung	++	Pflicht für jeden Kraftfahrzeughalter (Seite 124)
Tierhalter-Haftpflichtversicherung	+	Für Hundehalter und Pferdebesitzer (Seite 53)
Gewässerschadenhaftpflicht-versicherung	+	Für Eigentümer eines Öltanks (Seite 54)
Haus- und Grundbesitzerhaftpflicht-versicherung	+	Für die Mehrzahl der Vermieter von Immobilien; Ausnahmen gibt es zum Beispiel bei kleinen Einliegerwohnungen (siehe Seite 54)
Rund um Ihre Gesundheit		
Kranken- und Pflegeversicherung, gesetzlich oder privat	++	Jeder ist versicherungspflichtig (Seite 57)
Krankentagegeldversicherung, Krankenhaustagegeldversicherung	–	Siehe Seite 65
Zusatzversicherung für Krankenhausbehandlungen	+[1)]	Für gesetzlich Versicherte, die Chefarztbehandlung und Unterbringung im Ein- oder Zweibettzimmer wünschen (Seite 64)
Pflegezusatzversicherung	+[1)]	Für alle, die die Leistungen der gesetzlichen Pflegeversicherung aufstocken möchten (Seite 76)
Zahnzusatzversicherung	+[1)]	Für gesetzlich Versicherte, die höherwertigen Zahnersatz wünschen als die Kassen bieten (Seite 64)
Unfallversicherung Senioren-Unfallversicherung	+	Für alle, die sich gegen die Mehrkosten bei unfallbedingter Invalidität absichern wollen. Seniorenunfallversicherungen mit besonderen Hilfeleistungen sind sinnvoll, wenn Hilfe nicht anders organisiert werden kann (Seite 82)

Art der Versicherung	Wie wichtig?	Für wen?
Wohnen und Leben		
Wohngebäudeversicherung	+	Für jeden Eigentümer einer Immobilie (Seite 93)
Hausratversicherung	+	Bei Hausrat mit einem höheren Wert (Seite 103)
Reparatur-, Brillen-, Handyversicherung, Haushaltsschutzbrief	–	Siehe Seite 118
Rechtsschutzversicherung (hier ausgenommen Verkehrsrechtsschutz)	+	Siehe Seite 112
Tierkrankenversicherung	–	Siehe Seite 119
Auto und Reise		
Kfz-Vollkaskoversicherung	+	Für Besitzer von neuen Autos (Seite 125)
Kfz-Teilkaskoversicherung	+	Für Besitzer höherwertiger älterer Autos (Seite 125)
Verkehrsrechtsschutzversicherung	+	Für jeden Kraftfahrzeughalter/Autofahrer (Seite 135)
Autoschutzbrief	+	Für Kraftfahrzeughalter/Autofahrer (Seite 133)
Insassenunfallversicherung	–	Siehe Seite 133
Fahrerunfallversicherung	–	Siehe Seite 133
Auslandsreise-Krankenversicherung	+	Für alle, die ins Ausland reisen und gesetzlich versichert sind. In manchen Fällen auch für Privatversicherte (Seite 136)
Reiserücktrittsversicherung	+	Für Urlauber, die teure Reisen buchen (Seite 140)
Reiseunfallversicherung	–	Siehe Seite 143
Reisehaftpflichtversicherung	–	Siehe Seite 143
Reisegepäckversicherung	–	Siehe Seite 143
Sparen und Vorsorgen (für sich und für die Enkel)		
Private Rentenversicherung mit Sofortrente	+	Für alle, die eine garantierte lebenslange Rente wünschen (Seite 148)
Kapitallebensversicherung	–	Siehe Seite 154
Sterbegeldversicherung	–	Siehe Seite 155
Kinderinvaliditätsversicherung	+[2)]	Siehe Seite 158
Kinderunfallversicherung	+[2)]	Siehe Seite 158
Ausbildungsversicherung	–	Siehe Seite 159

1) Abschluss für Neukunden über 65 Jahren allerdings häufig nicht mehr möglich oder teuer.

2) Für Großeltern, die Geld übrig haben und ihren Enkeln etwas Gutes tun möchten.

ben, doch jeder sollte diesen Schutz haben, da er ohne ihn im schlimmsten Fall vor dem finanziellen Ruin stehen würde: Jeder Bürger haftet für Schäden, die er einer anderen Person zufügt – im Notfall mit seinem gesamten Vermögen und seinem Einkommen oberhalb der Pfändungsgrenze.

Hier springt die Privathaftpflichtversicherung ein und ersetzt den Schaden. Dieser kann sogar in die Hunderttausende gehen: Angenommen, jemand ist mit dem Fahrrad unterwegs, missachtet eine rote Ampel und stößt mit einem zweiten Radfahrer zusammen. Dieser stürzt so unglücklich, dass er Kopfverletzungen erleidet und dauerhaft erwerbsunfähig ist. Der Radfahrer, der das Unglück verursacht hat, muss dann nicht nur für Behandlungskosten und Schmerzensgeld aufkommen, sondern auch für eine lebenslange Rente, weil der Verletzte nicht mehr arbeiten kann.

Hingegen gehört die Hausratversicherung zu den Policen, die zwar sinnvoll, aber nicht zwingend erforderlich sind. Sie kommt für Schäden an der Wohnungseinrichtung auf, wenn diese zum Beispiel durch austretendes Wasser beschädigt wurde. Natürlich kann auch so ein Schaden entstehen, der das eigene Finanzpolster enorm belastet. Je nach Wert der Wohnungseinrichtung ist er aber nicht unbedingt existenzbedrohend.

Der Bedarf ändert sich im Laufe der Jahre

Für bestimmte Verträge besteht der Bedarf unabhängig vom Alter des Versicherten – beispielsweise bei der Hausrat- und Haftpflichtversicherung. Doch es gibt auch Versicherungen, die im Rentenalter eine andere Bedeutung haben als noch während der Erwerbstätigkeit. Manche verlieren ihre Notwendigkeit, andere werden erst dann erforderlich.

Ein wichtiger Unterschied zwischen Berufsleben und Rentnerdasein zeigt sich beispielsweise bei der Berufsunfähigkeitsversicherung: Während des Erwerbslebens ist sie unbedingt zu empfehlen, im Rentenalter ist sie hingegen überflüssig. In der Regel ist die Police so ausgestaltet, dass sie spätestens mit dem 65. Geburtstag oder 67. Geburtstag endet. Eine Senioren-Unfallversicherung hingegen ist erst ab einem bestimmten Alter von Bedeutung. Auf die verschiedenen Aspekte, die je nach Vertrag im Ruhestand noch wichtig sind, gehen wir im weiteren Verlauf des Ratgebers ein, wenn wir die einzelnen Produkte ab Seite 45 genauer vorstellen.

TIPP **So können Sie Geld sparen**

Neben der Auswahl des Angebots lohnt es sich, auf dem Weg zum passenden Schutz noch einige Punkte zu beachten:

- Spezialtarif: In verschiedenen Versicherungssparten haben Sie die Chance, Beiträge zu sparen, wenn Sie sich für einen speziellen 60-Plus-Tarif oder auch Seniorentarif entscheiden: Solche Tarife gibt es beispielsweise in der Privathaftpflichtversicherung. Auch Hausrat- und Rechtsschutzversicherer bieten Rabatte, wenn der Kunde ein bestimmtes Alter nachweist. Das klingt gut, ist aber keine Garantie dafür, tatsächlich einen besonders günstigen Schutz zu bekommen. Der Spezialtarif eines Versicherers kann immer noch teurer sein als der Normaltarif eines anderen Anbieters. Vergleichen Sie mehrere Angebote – egal welchen Namen der Tarif trägt.
- Angebotsart: Wählen Sie einzelne Verträge und vermeiden Sie Pakete, bei denen die Versicherer verschiedene Angebote kombinieren. Etwa für Reisen die Reisegepäck-, Reiserücktritts- und Reiseunfallversicherung. Oder andere Kombinationen wie Hausrat- und Glasbruchversicherung. Mit einzelnen Angeboten können Sie zielgerichtet entscheiden, was Sie abschließen wollen. Eine Reisegepäckversicherung brauchen Sie zum Beispiel nicht – unter anderem weil Ihr Gepäck auch im Ausland über die Hausratversicherung geschützt wäre (siehe Seite 106).
- Zahlungsweise: Entscheiden Sie sich, sofern es möglich ist, für eine jährliche Zahlung. Wenn Sie etwa den Beitrag für Ihre Unfall- oder Kfz-Versicherung jährlich und nicht vierteljährlich bezahlen, können Sie in der Regel ungefähr 5 Prozent sparen.

Der Bedarf ändert sich mit der Lebenssituation

Ein Blick in den Versicherungsordner empfiehlt sich außerdem, wenn sich die Lebenssituation entscheidend ändert. Zu den Veränderungen, die auch den Versicherungsbedarf beeinflussen, gehören ein längerer Auslandsaufenthalt, ein neuer Partner, eine Scheidung oder der Tod des Partners. Was in diesen Situationen zu beachten ist, erläutern wir im letzten Kapitel ab Seite 163. Hier nur ein Beispiel: Ziehen Partner in eine gemeinsame Wohnung, benötigt das Paar bei einigen Versicherungsverträgen nur noch einen gemeinsamen statt der zwei einzelnen Verträge vorher – so zum Beispiel bei der Privathaftpflicht.

Gesetzliche Absicherung und privater Schutz als Ergänzung

Ein wichtiges Entscheidungskriterium für oder gegen die einzelnen Versicherungsverträge ist die Frage, ob für ein bestimmtes Risiko bereits gesetzlicher Schutz vorliegt oder ob allein eine private Police Sicherheit bietet.

Den passenden Schutz für Haus oder Auto gibt es nur bei privaten Versicherern. Anders ist das in allen Fällen, die den Schutz der eigenen Person und die finanzielle Absicherung betreffen. Beispiel Rentenversicherung: Je nachdem wie hoch die Leistungen aus der gesetzlichen Rentenversicherung sind, kann sich eine zusätzliche private Rentenversicherung lohnen oder nicht (siehe Seite 148). Je nachdem, wie der Krankenversicherungsschutz aussieht, kann eine private Zusatzversicherung infrage kommen oder auch nicht.

Die gesetzliche Sozialversicherung im Ruhestand – ein Überblick

Drei Zweige der gesetzlichen Sozialversicherung bleiben auch im Rentenalter grundsätzlich aktuell: die Renten-, die Kranken- und die Pflegeversicherung. Der Schutz, den die gesetzliche Unfallversicherung und die Arbeitslosenversicherung bieten, ist nur noch unter bestimmten Voraussetzungen erforderlich.

Rentenversicherung: Wichtiger Bestandteil der sozialen Absicherung ist das Geld aus der gesetzlichen Rentenversicherung. Die gesetzliche Rente bildet nach Angaben der Deutschen Rentenversicherung Bund inzwischen zwei Drittel des Einkommens der älteren Bevölkerung. In dem Wissen, dass diese Leistungen nicht ausreichen, um sich auf Dauer in etwa den vorherigen Lebensstandard leisten zu können, haben viele Rentner von heute frühzeitig damit begonnen, diesen gesetzlichen Schutz mithilfe privater Vorsorge zu ergänzen. Dazu haben sie sich häufig neben Geldanlageprodukten der Banken auch auf private Versicherungen zum Vorsorgen verlassen (siehe Seite 145). Der Abschluss solcher Verträge kann unter Umständen auch im Rentenalter noch sinnvoll sein.

Krankenversicherung: Neben der finanziellen Absicherung für den Ruhestand ist der Krankenversicherungsschutz der entscheidende Bestandteil der gesetzlichen Sozialversicherung. Etwa 90 Prozent der Deutschen sind in einer gesetzlichen Krankenkasse versichert, nur die übrigen 10 Prozent sind privat geschützt. Die Beiträge zur gesetzlichen Kasse richten sich nach dem Einkommen des Versicherten. Rentner zahlen damit in der Regel weniger als noch zu Berufszeiten, da ihr Einkommen geringer ausfällt. Privat Versicherte haben diesen Vorteil sinkender Beiträge nicht. Im Gegenteil: Sie müssen hinnehmen, im Rentenalter deutlich mehr zu zahlen als zuvor – die Beiträge steigen mit den Jahren an.

Den Krankenkassen ist ein Katalog an Leistungen vorgegeben, die sie für ihre Versicherten erbringen müssen. Darüber hinaus bieten viele Krankenkassen noch Extras an, die über das gesetzliche Mindestmaß hinausgehen (siehe Seite 60). Trotzdem fällt der Schutz der gesetzlichen Kassen oft geringer aus als für die Versicherten mit einem privaten Krankenversicherungsschutz. Gesetzlich Versicherte, die ihren Schutz aufstocken möchten, können private Zusatzversicherungen abschließen. Solche Verträge gibt es auch noch im Rentenalter, und sie können durchaus sinnvoll oder sogar sehr empfehlenswert sein wie zum Beispiel die Auslands-Reisekrankenversicherung. Allerdings müssen Ruheständler bedenken, dass sie für diese Zusatzversicherungen tiefer in die Tasche greifen müssen.

Pflegeversicherung: Ein weiteres entscheidendes Thema wird mit zunehmendem Alter die Pflege. Laut Statistik wird jeder zweite Deutsche irgendwann einmal pflegebedürftig. Für Frauen ist das Risiko aufgrund der höheren Lebenserwartung größer als für Männer. Um bei Pflegebedürftigkeit nicht mit leeren Händen dazustehen, wurde 1995 als weiterer Zweig der gesetzlichen Sozialversicherung die Pflegeversicherung eingerichtet. Sowohl Erwerbstätige als auch Rentner zahlen hier einen Beitrag ein (Kinderlose derzeit 2,2 Prozent des Einkommens, Versicherte mit Kindern 1,95 Prozent des Einkommens).

Wer in einer gesetzlichen Krankenversicherung ist, zahlt seinen Beitrag an die bei der Krankenkasse ansässige Pflegekasse. Für privat Krankenversicherte gilt ebenfalls die Pflicht, für den Pflegefall vorzusorgen: über die private Pflegepflichtversicherung. Die Beiträge fließen an den privaten Krankenversicherer.

Wird ein Versicherter pflegebedürftig, bekommt er je nach Höhe des Pflegebedarfs regelmäßige Leistungen aus der Pflegeversicherung. Das Problem dabei: Die Leistungen reichen in aller Regel nicht aus, um die tatsächlichen Pflegeausgaben zu decken. Den Versicherten bleibt somit nichts anderes übrig, als zusätzlich vorzusorgen. Die Möglichkeiten sind vielfältig. Gut dran sind diejenigen, die früh damit begonnen haben, Geld für einen solchen Fall zurückzulegen. Das kann zum Beispiel auf einem Sparkonto bei der Bank liegen, oder auch in einer Pflegezusatzversicherung stecken. Wer erst im Rentenalter anfängt, für den Pflegefall vorzusorgen, hat es hingegen deutlich schwerer, noch das nötige Polster anzuhäufen, aber unmöglich ist das nicht (siehe dazu Seite 76).

Arbeitslosenversicherung: Sie spielt im Ruhestand in der Regel keine Rolle mehr. Nur wenn zum Beispiel ein Rentner nebenbei noch auf Lohnsteuerkarte arbeitet, um seine Rente aufzubessern, werden noch Beiträge zur Arbeitslosenversicherung fällig. Ist er noch keine 65 Jahre alt, muss er seinen Anteil zur Arbeitslosenversicherung entrichten, und auch der Arbeitgeberanteil wird noch fällig – so wie im früheren Erwerbsleben. Sind Rentner, die bereits älter als 65 Jahre sind, erwerbstätig, fließt nur noch der Arbeitgeberanteil an die Arbeitslosenversicherung. Übernimmt jemand im Ruhestand einen pauschal ver-

CHECKLISTE: Ihr Weg zum passenden Schutz

- **Ordner durchforsten:** Verschaffen Sie sich einen Überblick über das, was Sie bisher an Versicherungsschutz haben. Orientieren Sie sich an unserer Tabelle auf Seite 12, um herauszufinden, welche dieser Verträge sinnvoll sind und von welchen Policen Sie sich trennen können. Das Durchsehen der Verträge hilft außerdem, um zu klären, ob Ihr Versicherungsschutz noch ausreicht: Ist zum Beispiel die Versicherungssumme in der Privathaftpflichtversicherung hoch genug? Müssen Sie Ihre Policen auf veränderte Lebensumstände hin aktualisieren? Worauf je nach Produkt zu achten ist, lesen Sie ab Seite 45.
- **Fristen beachten:** Schauen Sie nach, zu welchem Termin Sie aus den bestehenden Verträgen herauskommen – entweder, weil Sie sich ganz von ihnen trennen wollen oder weil Sie sich nach günstigeren Angeboten umsehen wollen. Wenn Sie sich nicht sicher sind, fragen Sie bei Ihrem Versicherer nach. Einen ersten Überblick zu den Ausstiegsmöglichkeiten bietet die Tabelle auf Seite 38.
- **Angebote suchen:** Verschaffen Sie sich einen Überblick, welche Angebote am Markt vorhanden sind und ob es Schutz gibt, der günstiger als Ihr bisheriger ist. Die Stiftung Warentest veröffentlicht in ihrer Zeitschrift Finanztest regelmäßig Tests zu den wichtigsten Versicherungen. Weitere Informationen finden Sie unter www.test.de oder in der Finanztest-Spezial-Ausgabe „Versicherungen", die Sie direkt bei der Stiftung Warentest bestellen können (Adresse siehe Seite 192). Vergleichen Sie die Preise! Achten Sie aber auch auf die Leistungen und nehmen Sie sich Zeit dafür. Sonst sind Sie nachher enttäuscht, weil der Versicherer für einen Schaden nicht zahlt, obwohl Sie sich doch so sicher waren, dass er zahlen müsste.
- **Verhandeln und nachhaken:** Haben Sie eine Alternative zu Ihrem bisherigen Schutz gefunden, sollten Sie Ihren Versicherer damit konfrontieren. Wenn Sie ein langjähriger Kunde sind, besteht oft die Chance, dass der bisherige Versicherer beim Preis etwas nachgibt, um Sie als Kunde zu halten. Versuchen sollten Sie es auf jeden Fall!
- **Kündigen:** Wollen Sie doch wechseln oder eine bestimmte Versicherung auflösen, müssen Sie den Vertrag schriftlich kündigen. Ausführliche Informationen zum Thema Kündigung finden Sie ab Seite 37.

steuerten Minijob, werden gar keine Beiträge zur Arbeitslosenversicherung abgezogen.

Unfallversicherung: Schutz für den Weg zur Arbeit und für die Zeit am Arbeitsplatz benötigen Rentner, die nicht nebenbei arbeiten, in der Regel nicht mehr. Doch in bestimmten Lebenslagen ist der Schutz der gesetzlichen Unfallversicherung auch für Rentner und Pensionäre wichtig. Wenn sich beispielsweise jemand ehrenamtlich in einem Verein engagiert, ist er je nach Tätigkeit häufig über den Verein geschützt. Erteilt ein Rentner zum Beispiel regelmäßig einer Schülergruppe ehrenamtlich in der Schule Nachhilfe in Mathematik und stürzt auf dem Weg dorthin so schwer, dass er sein Bein auf Dauer nicht mehr bewegen kann, besteht die Chance auf eine Rentenzahlung aus der gesetzlichen Unfallversicherung. Ob der gesetzliche Unfallschutz für sie gilt, können Ehrenamtliche am Infotelefon der Berufsgenossenschaften erfragen (Tel.: 0 180 5/18 80 88, 14 Cent/Minute). Abgesichert sind allerdings keine Aktivitäten zu Hause oder in der Freizeit. Wer sich hier schützen will, benötigt eine private Unfallversicherung.

NEUE VORTEILE DURCH GESETZESÄNDERUNGEN

Was beim Abschluss von Versicherungsverträgen zu beachten ist, welche Leistungen der Versicherer bietet und was dem Kunden blüht, wenn er seine Pflichten nicht einhält, ist gesetzlich und über die jeweiligen Vertragsbedingungen für den Versicherungsschutz geregelt. Die gute Nachricht ist hier, dass sich die Position der Versicherten gegenüber den Versicherungsunternehmen und Vermittlern deutlich verbessert hat. Hierfür haben die Reform des Versicherungsvertragsgesetzes sowie der Informationspflichtenverordnung gesorgt.

Das folgende Kapitel, das den Weg bis zum Vertragsabschluss schildert, zeigt detailliert, welche Veränderungen es gegeben hat. Hier bereits ein kurzer Überblick:

Mehr Informationen: Vor Vertragsabschluss müssen dem Kunden sämtliche Informationen zu Vertrags- und Versicherungsbedingungen

vorliegen, nicht erst nachdem er den Antrag unterschrieben hat. Neu ist außerdem, dass die Versicherer auf einem Informationsblatt die wichtigsten Inhalte ihrer Angebote kurz zusammenfassen müssen.

Beratungsprotokoll: Der Versicherungsnehmer hat ein Recht auf ein Beratungsprotokoll, aus dem hervorgeht, was der Vermittler ihm empfohlen hat und warum. Dieses Protokoll muss der Vermittler unterschreiben, der Kunde ist nicht dazu verpflichtet.

Qualifikation der Vermittler: Wer Versicherungen vermittelt, muss beweisen können, dass er dafür die notwendige Qualifikation besitzt.

Kein Alles-oder-Nichts-Prinzip: Ist ein Schaden aufgetreten, weil der Versicherungsnehmer grob fahrlässig gehandelt hat, kann der Versicherer die Zahlung nicht komplett verweigern, sondern muss zumindest anteilig für den Schaden aufkommen.

Kündigung: Es ist nun möglich, früher aus langlaufenden Versicherungsverträgen herauszukommen. Außerdem gilt: Kündigt der Versicherte im Laufe des Versicherungsjahres, muss ihm der Versicherer die vorab für das gesamte Jahr gezahlten Beiträge anteilig erstatten.

NUR NICHT DRÄNGELN LASSEN

Trotz dieser neuen Vorteile bleiben Sie als Kunde gefordert: Nehmen Sie sich die notwendige Zeit, um zu Ihrem passenden Versicherungsschutz zu kommen. Informieren Sie sich so gut es geht und schalten Sie nicht Ihren gesunden Menschenverstand aus, nur weil Ihnen ein Vermittler sympathisch ist oder weil er Sie genau auf Ihre Sorgen und Ängste anspricht. Versicherungsvermittler kassieren für Vertragsabschlüsse Provisionen. Die folgenden Kapitel wappnen Sie für die Suche nach neuen Verträgen und helfen Ihnen dabei, nur den Schutz abzuschließen, der tatsächlich notwendig ist.

RUND UM DEN VERTRAG

Neue Verträge abschließen, bestehende Verträge aktualisieren, überflüssige kündigen: Die Position der Kunden gegenüber Versicherungsvermittlern und Unternehmen hat sich in den vergangenen Jahren verbessert. Dennoch gibt es einige Punkte, die Kunden beim Vertragsabschluss und bei einem Schadensfall beachten sollten, damit der Versicherer tatsächlich zahlt.

DEN RICHTIGEN ANSPRECHPARTNER FINDEN

Der Weg zum passenden Versicherungsvertrag beginnt mit der Suche nach dem richtigen Ansprechpartner. Wer bisher alle Verträge aus einer Hand hatte, möchte vielleicht den Kontakt zu „seinem Vermittler" beibehalten. Hat jemand zum Beispiel die Versicherung fürs Auto, die Unfallpolice und die Haftpflichtversicherung beim örtlichen Vertreter einer bestimmten Versicherungsgesellschaft abgeschlossen, ist er für ihn oft erster Ansprechpartner, um etwa die Versicherungssumme der Privathaftpflichtversicherung zu erhöhen oder um sich ein Angebot für eine spezielle Senioren-Unfallversicherung erstellen zu lassen.

Das ist für diejenigen, die ihrem Vermittler vertrauen, eine angenehme Lösung. Doch es gibt mit großer Wahrscheinlichkeit günstigere Alternativen. Zum einen gibt es weitere direkte Ansprechpartner, die entweder Produkte einer anderen Versicherungsgesellschaft oder gleich mehrerer Versicherungsunternehmen im Angebot haben. Zum anderen bietet das Internet die Möglichkeit, bestimmte Verträge preiswert bei einem Direktversicherer online abzuschließen. Allerdings ist das nicht jedermanns Sache und auch längst nicht für alle Verträge zu empfehlen.

Direkt zum Vermittler

Wer den Abschluss über das Internet scheut, findet folgende direkte Ansprechpartner, um zu einem Versicherungsvertrag zu kommen:

- Nebenberufliche Vermittler: Das kann zum Beispiel ein Fahrradhändler sein, der seinen Kunden passend zum neuen Rad eine Fahrradversicherung verkauft.
- Einfirmenvertreter/Ausschließlichkeitsvertreter: Sie arbeiten für einen einzelnen Versicherer, der ihnen eine Provision für den Verkauf seiner Produkte zahlt. Das Versicherungsunternehmen haftet uneingeschränkt für Fehler des Vermittlers.
- Mehrfachagenten: Mehrfachagenten arbeiten für mehrere Versicherungsunternehmen. So wie der Einfirmenvertreter erhalten sie Provisionen der Versicherer, wenn sie deren Produkte verkaufen.
- Versicherungsmakler: Sie arbeiten stets mit vielen Gesellschaften zusammen und halten daher eine große Auswahl an Angeboten bereit. Sie ermitteln im Auftrag des Kunden eine günstige Police, vermitteln sie dann und haften auch persönlich, wenn sie bei der Beratung einen Fehler machen. Für die Vermittlung erhalten aber auch sie Provisionen der Versicherungsunternehmen.
- Versicherungsberater: Eine von Provisionen der Versicherungsgesellschaften unabhängige Beratung erhalten Kunden bei einem unabhängigen Versicherungsberater. Diesen müssen sie dann allerdings für seine Dienste bezahlen.

INFO **Online-Abschluss zu empfehlen?**

Mit Blick auf Sicherheit und Datenschutz spricht in der Regel nichts dagegen, bestimmte Versicherungsverträge im Internet abzuschließen. Das hat eine Untersuchung von Finanztest bestätigt, als der Online-Abschluss von Kfz-Versicherungen untersucht wurde. Für beratungsintensivere Produkte wie eine Kranken- oder Pflegezusatzversicherung kommt der Online-Abschluss allerdings nicht infrage.

Provisionen für den Abschluss

Dieser Überblick zeigt: Es gibt viele Ansprechpartner, über die es möglich ist, zu einem Versicherungsvertrag zu kommen. Allerdings sind die Vermittler in der Regel an Provisionszahlungen gebunden. Sie profitieren also, wenn sie etwas verkaufen, zum Beispiel eine private Rentenversicherung. Diesen Punkt sollten Kunden immer im Kopf behalten, wenn ihnen ein Vermittler in einem freundlichen Gespräch die Vorteile und die Notwendigkeit bestimmter Policen anpreist. Es lohnt sich, nicht gleich zu unterschreiben, sondern die Angebote eingehend zu prüfen: Kommt beispielsweise die angebotene fondsgebundene private Rentenversicherung überhaupt infrage? Wird tatsächlich eine Rente garantiert oder ist diese abhängig von der Entwicklung des Fondsvermögens?

Vorteil für den Kunden ist, dass die Regeln für Versicherungsvermittler in den vergangenen Jahren insgesamt strenger geworden sind, sodass die Versicherten und Antragsteller in einer besseren Position sind als noch vor einigen Jahren. Eine entscheidende Änderung: Seit Mitte 2007 benötigen Versicherungsvermittler in Deutschland eine offizielle Erlaubnis. Sie müssen die Genehmigung für die gewerbsmäßige Versicherungsvermittlung bei der zuständigen Industrie- und Handelskammer beantragen.

Wer Versicherungen vermitteln will, muss – mit Ausnahme der Einfirmenvertreter – seither unter anderem nachweisen, dass er nicht verschuldet ist, dass er eine Berufshaftpflichtversicherung abgeschlossen hat und dass er eine Sachkundeprüfung bei der Industrie- und Handelskammer bestanden hat oder eine anerkannte Berufsqualifikation besitzt. Notwendig ist außerdem ein polizeiliches Führungszeugnis,

CHECKLISTE: Diese Fehler beim Vermittlergespräch vermeiden

Bereiten Sie sich auf das Gespräch mit dem Vermittler gut vor und vermeiden Sie vor allem folgende Fehler:

- **Blind vertrauen:** „Der junge Mann war so freundlich." Verlassen Sie sich nicht einfach auf das, was der Vermittler sagt. Fragen Sie nach Risiken und Nachteilen und haken Sie nach, wenn Sie etwas nicht verstehen.
- **Alleine gehen:** Nehmen Sie einen Verwandten oder Bekannten mit zu dem Gespräch. Vier Ohren hören mehr als zwei, und Sie haben einen Zeugen, falls doch etwas nicht so laufen sollte, wie Sie es eigentlich gedacht hatten.
- **Sofort unterschreiben:** Nehmen Sie sich Zeit – ein Versicherungsvertrag muss nicht von jetzt auf gleich geschlossen werden. Lesen Sie sich die Vertragsbedingungen genau durch, fragen Sie konkret nach den Leistungen, die Ihnen wichtig sind, und lassen Sie sich die entsprechenden Stellen im Vertrag zeigen. Fragen Sie auch, ob bestimmte Leistungen ausgeschlossen sind.
- **Das Kleingedruckte übersehen:** Schauen Sie sich das Kleingedruckte in den Vertragsbedingungen an, auch wenn es lästig ist. Verlassen Sie sich nicht auf das Produktinformationsblatt, das die wichtigsten Daten zusammenfasst. Dieses bietet nur einen ersten Überblick – je nach Anbieter in unterschiedlicher Länge. Wer genau wissen will, was sein Angebot beinhaltet, wird nicht umhinkönnen, einen Blick in die kompletten Versicherungsbedingungen zu werfen.
- **Auf Beratung und Beratungsprotokoll verzichten:** Nehmen Sie die Möglichkeit wahr, dass Ihnen schriftlich in einem Protokoll bestätigt wird, wie die Beratung abgelaufen ist. Geben Sie dieses Recht auf ein Schriftstück, das bei Schadenersatzforderungen aufgrund von Falschberatung noch sehr wichtig sein kann, nicht einfach aus der Hand.
- **Nur ein Angebot ansehen:** Holen Sie mehrere Angebote ein und vergleichen Sie sie. Nutzen Sie Beratungsangebote, zum Beispiel bei der Verbraucherzentrale, bevor Sie etwa eine Rentenversicherung abschließen. Sie können sich auch an Testergebnissen der Stiftung Warentest orientieren, die Sie unter anderem unter www.test.de oder in den Ausgaben der Zeitschrift Finanztest finden.

aus dem hervorgeht, dass er in den letzten fünf Jahren nicht wegen eines Verbrechens rechtskräftig verurteilt wurde. Für die Einfirmenvertreter, die ausschließlich für ein Unternehmen oder mehrere Versicherer eines Konzerns tätig sind, gilt eine andere Regelung. Hier ist das Unternehmen, für das sie Versicherungen vermitteln, verpflichtet zu gewährleisten, dass seine Vertreter die Voraussetzungen für eine persönliche Berufserlaubnis erfüllen, dass sie also zum Beispiel die entsprechende Qualifikation besitzen oder ihre Vermögensverhältnisse stimmen. Es haftet uneingeschränkt für die Vermittlertätigkeit.

Alle, die als Versicherungsvermittler tätig sind, müssen sich seit 2009 von Beginn ihrer Tätigkeit an in ein Register beim Deutschen Industrie- und Handelskammertag eintragen lassen. Diese zentrale Datenbank ist über das Internet auch für die Verbraucher frei zugänglich: www.vermittlerregister.info. Hier gibt es auch weitere Informationen zu den verschiedenen Arten von Vermittlern. Adressen von Versicherungsberatern gibt es beim Bundesverband der Versicherungsberater e. V. unter www.bvvb.de.

DIE SCHRITTE BIS ZUM VERSICHERUNGSSCHUTZ

Wer einen Versicherungsvertrag abschließen will, sollte vorher bei mehreren Anbietern nach Angeboten fragen und diese vergleichen. Soll das Auto neu versichert werden, bietet es sich beispielsweise an, bei mehreren Versicherungsgesellschaften Beiträge berechnen zu lassen und dann den bisherigen Versicherer mit besseren Angeboten zu konfrontieren: Vielleicht lässt auch er über einen Rabatt mit sich reden? Und sonst bleibt immer noch der Wechsel zu einem anderen Unternehmen.

Nachdem die Wahl auf ein Angebot gefallen ist, geht es auf dem Weg zum Vertrag kurz zusammengefasst mit folgenden Schritten weiter: In der Regel muss der Kunde zunächst das Antragsformular ausfüllen. In diesem Formular gibt er zum Beispiel an, welches Auto er fährt, wie viele Kilometer er jedes Jahr unterwegs ist und ob er eine

Garage hat. Gibt der Versicherer das OK zu diesem Antrag und erklärt sich somit bereit, den Versicherungsschutz für das Fahrzeug zu übernehmen, ist der Vertrag geschlossen. Kurze Zeit später erhält der Kunde seinen Versicherungsschein (Police) zugeschickt. Dieser dient als Nachweis, dass er Versicherungsschutz hat.

Anderer Weg zum Vertrag möglich

Es kann auch sein, dass der Kunde etwa über das Internet ein Datenblatt ausfüllt. Dieses Formular gilt nicht als Antrag, sondern als Anfrage mit der Bitte an den Versicherer, ein Angebot abzugeben. Die Formulare für eine Angebotsanfrage sind denen eines normalen Antrags in der Regel sehr ähnlich – einziger Unterschied: Die Überschrift lautet nicht „Antrag" sondern „Anfrage". Wenn er eine Anfrage erhält, schickt der Versicherer dem Kunden eine Police. Unterschreibt der Kunde sie, kommt der Versicherungsvertrag zustande. Der Kunde bindet sich also erst mit der Unterschrift der Police. Unterschreibt er diese nicht, kommt es auch nicht zum Versicherungsvertrag.

Neue Informationspflichten

Der Weg von der Anfrage bis zum Vertrag ist in der Praxis mit zahlreichen Pflichten sowohl für den Kunden als auch für den Versicherer verbunden. Hier haben die Gesetzesreformen 2008/2009 für Veränderungen gesorgt – zum Vorteil des Kunden.

Beispiel: Hannah Bergmann will ihr Auto neu versichern. Der Versicherungsvermittler hat ihr gesagt, was der Schutz für ihren Wagen kosten wird, wenn sie sich zum Beispiel neben dem gesetzlich vorgeschriebenen Haftpflichtschutz noch für eine Vollkaskoabsicherung entscheidet.

Bevor Frau Bergmann sich für ein Angebot entscheidet, sollte sie sich die Vertragsbedingungen genau ansehen. Was bietet die Kaskoversicherung: Zahlt sie zum Beispiel auch für Marderbisse? Dieses Extra ist Frau Bergmann wichtig, da sie in der Nähe eines Waldes wohnt. Oder: Wird sie automatisch in eine schlechtere Schadenfreiheitsklasse

CHECKLISTE: So können Sie widerrufen

Haben Sie einen Versicherungsvertrag abgeschlossen und stellen dann fest, dass Sie ihn doch nicht wollen, können Sie den Vertrag in der Regel kurz nach Abschluss widerrufen:

- **Frist beachten:** Die meisten Versicherungsverträge können Sie innerhalb einer Frist von 14 Tagen widerrufen, bei einer Renten- oder Lebensversicherung gilt sogar eine Frist von 30 Tagen. Die Frist beginnt an dem Tag, nachdem Ihnen sämtliche Unterlagen für den abgeschlossenen Vertrag vorliegen: Dazu zählen neben den Vertragsbedingungen und dem Produktinformationsblatt auch der Versicherungsschein und eine Widerrufsbelehrung.
- **Belehrung prüfen:** Rechnen Sie nach, ob die Widerrufsfrist in Ihrem Fall bereits abgelaufen ist oder noch gilt. Ist sie abgelaufen, prüfen Sie, ob Sie vom Versicherer eine ausreichende Widerrufsbelehrung erhalten haben. Die Belehrung muss zum Beispiel einen Hinweis auf den Beginn der Frist sowie die Adresse, an die der Widerruf zu senden ist, enthalten. Fehlt die Widerrufsbelehrung oder ist sie nicht komplett, beginnt die Frist nicht – Sie können den Vertrag dann auch nach Ablauf von 14 beziehungsweise 30 Tagen noch widerrufen.
- **Brief schreiben:** Formulieren Sie den Widerruf schriftlich und senden Sie ihn per Brief oder Fax. Entscheidend ist, dass Sie das Schreiben innerhalb der Widerrufsfrist abschicken, nicht, wann es beim Versicherungsunternehmen eingeht. Sie müssen den Widerruf nicht begründen. Einen Musterbrief für den Widerruf finden Sie auf der Seite 182.
- **Beitragserstattung prüfen:** Haben Sie bereits Beiträge an den Versicherer gezahlt und widerrufen danach noch, erstattet der Versicherer Ihnen diesen Betrag – wenn Sie bereits vor Ablauf der Widerrufsfrist Versicherungsschutz bekommen haben allerdings abzüglich einer Summe für den Zeitraum bis zum Widerruf. Komplizierter wird es, wenn Sie Ihr Widerrufsrecht erst nach Jahren nutzen: In dem Fall darf der Versicherer alle Beiträge bis zum Widerruf behalten – mit Ausnahme der Beiträge aus dem ersten Versicherungsjahr. Diese muss der Versicherer nur dann nicht zurückzahlen, wenn der Kunde die Leistung in Anspruch genommen hat.

eingestuft, wenn sie nach über 20 Jahren unfallfreiem Fahren das erste Mal einen Unfall verursacht und für den Schaden am eigenen Wagen ihre Kaskoversicherung in Anspruch nimmt? Einige Versicherer bieten hier einen sogenannten Rabattretter an, sodass ein einmaliger Unfall noch nicht die günstige Einstufung gefährdet (mehr dazu Seite 131).

Vertragsbedingungen vor Unterschrift

Nach den Extras, die Frau Bergmann wichtig sind, sollte sie konkret fragen und sie sich zusätzlich in den Vertragsbedingungen ansehen. Die Versicherer müssen den Kunden diese Versicherungsbedingungen vor der Unterschrift zur Verfügung stellen. Außerdem sind sie verpflichtet, ihnen vor der Unterschrift die allgemeinen Vertragsunterlagen, verschiedene Verbraucherinformationen sowie ein Produktinformationsblatt vorzulegen. In diesem fasst die Versicherungsgesellschaft die wichtigsten Informationen zum angebotenen Produkt kurz zusammen.

Ist sich Frau Bergmann nach Rückfrage beim Vermittler und nach Durchsicht der Unterlagen sicher, dass der Schutz zu ihr passt, kann sie unterschreiben. Der Versicherer wird ihr daraufhin den Versicherungsschein zuschicken.

Weitere Vermittlerpflichten

Mit der ausführlichen Information über das Produkt ist es aber noch nicht getan: Die Versicherungsvermittler haben seit einigen Jahren noch weitere Pflichten.

Zum einen müssen sie in einem Beratungsgespräch über sich informieren: zum Beispiel ihren Namen bekannt geben, die Anschrift des

Betriebs sowie die Nummer, unter der sie im Vermittlerregister zu finden sind. Außerdem müssen sie dem Kunden ihre Vermittlerkategorie mitteilen, also zum Beispiel „Ausschließlichkeitsvermittler für eine einzige Gesellschaft". Sie sind verpflichtet, diese Informationen in Textform weiterzugeben, etwa mit einer Visitenkarte oder aber per Infoblatt oder Datenträger. Die Vermittler müssen ihre Kunden außerdem frühzeitig darüber informieren, für welche Gesellschaft(en) sie Versicherungsprodukte vermitteln.

Sie sind verpflichtet, den Kunden in dem Umfang zu beraten, der dem jeweiligen Versicherungsprodukt angemessen ist: Für eine private Kranken- oder Rentenversicherung ist eine ausgiebigere Beratung notwendig als beispielsweise für eine Hausratpolice. Zur Beratung gehört auch die Frage nach den Bedürfnissen und Wünschen des Kunden. In einem Beratungsprotokoll muss der Vermittler dann angeben, welche Wünsche erfragt wurden, wie der Versicherungsbedarf aussieht und welchen Rat er den Kunden gegeben hat inklusive einer Begründung.

Das Protokoll muss der Kunde ebenfalls vor Vertragsabschluss erhalten. Ausnahme: Erteilt der Versicherer dem Kunden eine vorläufige Deckungszusage – zum Beispiel, wenn dieser sein neues Auto bereits nutzen will, bevor der Versicherungsschein da ist –, reicht es, wenn das Protokoll gemeinsam mit der Police verschickt wird.

Die Kunden haben die Möglichkeit, auf die Unterlagen des Versicherers wie etwa das Beratungsprotokoll zu verzichten. Diesen Ver-

CHECKLISTE: Was Sie wann bekommen

In der Regel vor Vertragsabschluss

- Allgemeine Vertragsbedingungen
- Genaue Versicherungsbedingungen
- Das Produktinformationsblatt
- Das Beratungsprotokoll

Nach Vertragsabschluss

- Den Versicherungsschein (Police)
- Die Widerrufsbelehrung

zicht müssen sie allerdings schriftlich bestätigen. Aus der schriftlichen Erklärung muss hervorgehen, dass der Kunde ausdrücklich darauf hingewiesen wurde, dass es ohne Protokoll schwerer sein wird, Schadenersatzforderungen aufgrund von Falschberatung durchzusetzen.

VERZICHTEN SIE NICHT AUF EIN PROTOKOLL
Geben Sie das Recht auf ein Papier, das Ihnen bei einer möglichen späteren Auseinandersetzung noch nützlich sein kann, nicht aus der Hand. Achten Sie darauf, dass der Vermittler das Beratungsprotokoll erstellt, unterschreibt und Ihnen vor Unterschrift des Vertrags übergibt. Es kann sein, dass auch Sie das Protokoll unterschreiben sollen. Dazu sind Sie nicht verpflichtet. Unterschreiben Sie nicht blind, sondern unterschreiben Sie nur, wenn Sie mit dem Inhalt vollständig einverstanden sind.

IHRE PFLICHTEN ALS KUNDE

Nicht nur der Versicherer und der Vermittler einer Versicherung haben Pflichten, auch der Kunde muss auf dem Weg vom Antrag bis zum Versicherungsschutz besondere Pflichten, die sogenannten Obliegenheiten, beachten. Und auch nach Vertragsabschluss bleibt er an bestimmten Punkten in der Pflicht:

Vor Vertragsabschluss

Wahre und genaue Angaben machen: „Wie viele Kilometer fahren Sie jedes Jahr mit Ihrem Wagen?“, „Sind Sie operiert worden?“, „Haben Sie andere Vorerkrankungen?“ – Der Versicherungsvermittler fragt verschiedene Informationen ab, damit das Versicherungsunternehmen entscheiden kann, ob es bereit ist, den Schutz zu übernehmen. Hier ist besondere Sorgfalt geboten. Gerade bei den Gesundheitsfragen, die zum Beispiel für eine Kranken- oder Pflegezusatzversicherung eine Rolle spielen können, ist es unbedingt empfehlenswert, sich Zeit zu nehmen und gegebenenfalls auch Rücksprache mit dem Arzt zu halten, um alle Fragen richtig zu beantworten. Macht ein Kunde falsche Angaben oder verschweigt er bestimmte Vorerkrankungen oder Beschwerden, riskiert er, im Ernstfall doch kein Geld vom Versicherer zu erhalten. Unter Umständen muss er sogar bereits erhaltene Leistungen wieder zurückzahlen.

In der Regel ist es besser, einen Bogen mit Gesundheitsfragen selbst auszufüllen und dies nicht dem Vermittler zu überlassen: Der Kunde steht für die Angaben gerade. Er kann zwar den Vermittler später für Fehler haftbar machen – wenn dieser zum Beispiel eine Vorerkrankung nicht eingetragen hat, obwohl sie genannt wurde. Allerdings ändert das nichts daran, dass der Kunde die Probleme mit dem Versicherungsschutz bekommt und der Versicherer womöglich nicht zahlt. Außerdem kann es trotz eines Beratungsprotokolls schwierig sein, den Fehler überhaupt nachzuweisen.

Die korrekte Beantwortung der Fragen gehört zu den vorvertraglichen Anzeigepflichten. Der Versicherer ist verpflichtet, den Antragsteller darauf hinzuweisen, welche Folgen falsche Angaben für ihn haben können. Hilfreich für den Kunden ist es, wenn diese Informationen zu seinen Anzeigepflichten auf dem Antrag nicht irgendwo versteckt stehen, sondern direkt in der Nähe der Gesundheitsfragen. Das ist aber nicht immer so.

Nach Vertragsabschluss

Ist der Vertrag geschlossen, ist es mit den Pflichten für den Versicherungsnehmer noch nicht vorbei. So darf er sich nicht ausgesprochen fahrlässig verhalten. Missachtet ein Autofahrer ein Stoppschild oder macht er es Dieben zu leicht, indem er den Autoschlüssel stecken lässt, kann der Kaskoversicherer ihm grobe Fahrlässigkeit vorwerfen und sich weigern, den Schaden komplett zu übernehmen. Dann bleibt der Kunde zumindest auf einem Teil der Kosten sitzen. Dank des neuen Versicherungsvertragsgesetzes ist es aber nicht mehr möglich, ihm die Kostenübernahme bei grober Fahrlässigkeit komplett zu versagen: Der Versicherer muss zumindest anteilig zahlen. Das frühere Prinzip „Alles oder nichts" gilt seit Anfang 2009 nicht mehr – auch nicht für Verträge, die schon vor Jahren geschlossen wurden (siehe Seite 21).

Nach einem Schadensfall

Versicherte sind verpflichtet, Schäden so gering wie möglich zu halten. Was sie im Einzelnen tun müssen, hängt vor allem davon ab, um welche Art der Versicherung es sich handelt. Zu den Pflichten gehört beispielsweise in der Wohngebäudeversicherung, ein Loch im Dach so früh wie möglich zumindest notdürftig abzudichten, um weitere Schäden zu vermeiden. Zu den Pflichten des Versicherten gehört auch, den Versicherer innerhalb einer bestimmten Frist zu informieren. Die Einzelheiten stehen in den Versicherungsbedingungen. Stirbt beispielsweise eine versicherte Person infolge eines Unfalls, haben die Angehörigen maximal 48 Stunden Zeit, den privaten Unfallversicherer über den Tod zu informieren.

TIPP Einen Schaden melden

- Keine Zeit verlieren: Je schneller Sie den Schaden anzeigen, desto besser. Nutzen Sie zum Beispiel die Schaden-Rufnummern der Versicherer. Oder wenden Sie sich direkt an den Ansprechpartner Ihrer Versicherung vor Ort, um sich Hinweise für das weitere Vorgehen zu holen. Je nach Anbieter und Schadensfall kann es außerdem möglich sein, einen Schaden online zu melden.
- Formular korrekt ausfüllen: Nachdem Sie dem Versicherer zum Beispiel mitgeteilt haben, dass Sie die teure Blumenvase Ihres Nachbarn heruntergeworfen haben, wird dieser Ihnen ein Formular zukommen lassen, in dem Sie den Schadenshergang schildern müssen. Seien Sie dabei genau und machen Sie korrekte Angaben. Unterschreiben Sie die Schadenanzeige und senden Sie diese an den Versicherer zurück.
- Alle informieren: Je nach Schadensfall kann es auch sein, dass mehrere Versicherungsverträge betroffen sind – nach einem Sturm zum Beispiel die Hausrat- und die Wohngebäudeversicherung. Wenn Sie nicht sicher sind, wer zum Beispiel für die zerstörte Markise aufkommen muss, sollten Sie sicherheitshalber beide Anbieter informieren.

WENN DER VERSICHERER NICHT ZAHLT

Der Kunde hat alles getan, den Vorgaben des Versicherers gerecht zu werden: Alle Angaben bei Vertragsabschluss stimmen, der Versicherte hat sich bestmöglich bemüht, es gar nicht erst zu einem Schaden kommen zu lassen, und auch nach dem Schadensfall hat er alles in seiner Macht Stehende unternommen, damit sich die Kosten in Grenzen halten. Dennoch kann es sein, dass die Versicherungsgesellschaft sich weigert, den Schaden zu übernehmen. Das kann unterschiedliche Gründe haben.

Möglich ist zum Beispiel, dass eine bestimmte Leistung grundsätzlich vom Versicherungsschutz ausgenommen ist. Lässt zum Beispiel ein Kunde den Fotoapparat seines Freundes fallen, den er sich für den Urlaub ausgeliehen hat, zahlt längst nicht jede private Haftpflichtversicherung für die Reparatur: Schäden an geliehenen Gegenständen sind vom Versicherungsschutz ausgeschlossen. Es gibt allerdings einige Versicherer, die zumindest bis zu einer bestimmten Höhe trotzdem einspringen.

Die Entscheidung, ob der Versicherer zahlen muss oder nicht, lässt sich häufig anhand der Versicherungsbedingungen klären. Doch wenn das nicht eindeutig möglich ist und der Versicherte felsenfest überzeugt ist, im Recht zu sein und Anspruch auf eine Leistung des Versicherers zu haben? Dann sollte er auf jeden Fall weiterkämpfen. Erster Ansprechpartner ist der Versicherer. Lässt er sich nicht auf die Argumente des Kunden ein, hat dieser die Möglichkeit, den Ombudsmann für Versicherungsfragen anzurufen.

Hilfe suchen beim Ombudsmann

Rufen Versicherungsnehmer den Ombudsmann an, ist das für sie weitaus einfacher, als gleich vor Gericht zu ziehen. Sie versuchen, die Auseinandersetzung mit dem Versicherer außergerichtlich zu klären. Das Verfahren ist für die Versicherten kostenlos.

Für die meisten Fragen, die private Versicherungen und Versicherungsvermittler betreffen, ist der Versicherungsombudsmann Günter Hirsch zuständig. Er ist ehemaliger Präsident des Bundesgerichtshofs.

CHECKLISTE: So wenden Sie sich an den Ombudsmann

Die Schritte zu Ihrem Recht

- **Unterlagen zukommen lassen:** Wenn Sie beim Versicherer keinen Erfolg hatten, schicken Sie eine Kopie Ihres Schriftverkehrs mit dem Versicherer sowie eine Kopie Ihrer Police an den Ombudsmann (Adresse siehe unten).
- **Entscheidung abwarten:** Warten Sie auf die Entscheidung des Ombudsmannes. Das Verfahren kann durchaus mehrere Monate dauern.
- **Gericht einschalten:** Sind Sie mit der Entscheidung nicht einverstanden, bleibt Ihnen immer noch die Möglichkeit, vor Gericht zu ziehen und zu klagen. Machen Sie sich keine Sorgen, dass Sie durch das Ombudsverfahren Fristen verpassen, sodass Ihre Ansprüche irgendwann verjährt sind: Die Fristen für die Verjährung werden durch das Ombudsverfahren unterbrochen, sodass Sie durch den vorherigen Versuch der außergerichtlichen Klärung keine Ansprüche verlieren.

Ansprechpartner und Informationen

Ombudsmann: Den Versicherungsombudsmann Günter Hirsch erreichen Sie unter:
Versicherungsombudsmann e. V.,
Postfach 08 06 32, 10006 Berlin.
Den Ombudsmann für Auseinandersetzungen in der privaten Krankenversicherung erreichen Sie unter:
Ombudsmann Private Kranken- und Pflegeversicherung,
Postfach 06 02 22,10052 Berlin.

Informationen: Weitere Informationen bekommen Sie im Internet unter www.versicherungsombudsmann.de, telefonisch unter 01804/22 44 24 sowie unter www.pkv-ombudsmann.de, telefonisch unter 01802/55 04 44.

Bafin: Beschwerden zu Versicherungen sind auch bei der Bundesanstalt für Finanzdienstleistungsaufsicht (Bafin) kostenlos möglich. Nach der schriftlichen Beschwerde holt die Bafin eine Stellungnahme des Versicherungsunternehmens ein, um zu prüfen, ob das Unternehmen verbindliche gesetzliche Vorgaben und maßgebliche Urteile einhält. Mehr Informationen zur Beschwerde bei der Bafin finden Sie unter www.bafin.de (Rubrik Verbraucher, Stichwort „Beschwerden und Ansprechpartner").

Nur bei Problemen rund um die private Kranken- und Pflegeversicherung ist er außen vor: Dann müssen sich die Versicherten an den PKV-Ombudsmann Helmut Müller wenden, den ehemaligen Präsidenten des Bundesaufsichtsamtes für das Versicherungswesen.

Damit die Ombudsmänner eine Entscheidung in der Auseinandersetzung mit einer Versicherungsgesellschaft treffen, müssen allerdings einige Vorgaben erfüllt sein: So darf unter anderem zu der kritischen Frage noch kein Verfahren vor Gericht anhängig sein. Handelt es sich um Streitfälle im Wert von bis zu 5000 Euro, kann Ombudsmann Günter Hirsch verbindlich entscheiden. Bis zu einem Streitwert von 80 000 Euro kann er Empfehlungen abgeben, denen die Versicherer meist folgen. Der Ombudsmann für die private Krankenversicherung, Helmut Müller, kann keine verbindlichen Entscheidungen treffen, sondern nur Empfehlungen aussprechen.

WIE KOMME ICH AUS DEM VERTRAG RAUS?

Der Versicherer hat sich geweigert, einen Schaden zu bezahlen, er hat den Beitrag erhöht, ohne dafür mehr Leistung zu bieten, oder der Vermittler war schlichtweg unfreundlich, als Sie sich dort mit einer Frage gemeldet haben. Oder Sie haben nach Lektüre dieses Buches festgestellt, dass eine Police überflüssig ist. Die Gründe, warum Versicherungsnehmer ihre Verträge kündigen wollen, können ganz unterschiedlich sein. Häufig besteht die Möglichkeit, direkt oder zumindest innerhalb einer absehbaren Zeit aus den Verträgen hinauszukommen. Manchmal dauert es allerdings etwas länger.

VERSICHERUNGEN KÜNDIGEN: DIE REGELN FÜR DIE WICHTIGSTEN POLICEN

Kündigungsart	Kündigungstermin	Kündigungsfrist
Privat-, Gewässerschaden-, Tierhalter-, Haus- und Grundbesitzer-Haftpflicht, Glas- und Hausratversicherung, Rechtsschutzversicherung, Unfall- und Wohngebäudeversicherung[1)]		
Ordentliche Kündigung	Zum Vertragsende, danach jährlich zum Ende des Versicherungsjahres. Bei Verträgen, die eine Laufzeit von über drei Jahren haben, erstmals Kündigung nach drei Jahren möglich, danach jährlich zum Ende jedes weiteren Versicherungsjahres.	Drei Monate. Es sei denn, es handelt sich um einen Vertrag, für den die Sonderbedingungen Ost gelten.[2)]
Kündigung im Schadensfall	Nach jedem versicherten Schaden mit sofortiger Wirkung oder mit Wirkung zum Ende des Versicherungsjahres. **Sonderfall Rechtsschutz I:** Kündigung der Rechtsschutzversicherung in der Regel nach dem zweiten und jedem weiteren versicherten Rechtsschutzfall innerhalb von zwölf Monaten mit sofortiger Wirkung oder zum Ende des Versicherungsjahres möglich. **Sonderfall Rechtsschutz II:** Kündigung der Rechtsschutzversicherung mit sofortiger Wirkung oder zum Ende des Versicherungsjahres möglich, wenn der Versicherer die Leistung verweigert hat, obwohl Leistungspflicht bestand.	Innerhalb eines Monats ab Leistung oder Ablehnung. Ausnahmen gibt es in der Privathaftpflicht- und Unfallversicherung.[4)] **Sonderfall Rechtsschutz I:** Innerhalb eines Monats ab Deckungszusage. **Sonderfall Rechtsschutz II:** Innerhalb eines Monats ab Ablehnung.
Kündigung wegen Beitragserhöhung[3)]	Kündigung bei jeder Beitragserhöhung zu dem Termin möglich, an dem die Erhöhung wirksam wird.	Innerhalb eines Monats, ab Erhalt der Mitteilung über die Beitragserhöhung.
Kfz-Haftpflichtversicherung, Kfz-Kaskoversicherung (Teil- und Vollkasko)		
Ordentliche Kündigung	Zum Ende des Versicherungsjahres, in der Regel identisch mit dem Kalenderjahr.	Ein Monat, bei älteren Kaskoverträgen drei Monate.
Kündigung im Schadensfall	Nach jedem versicherten Schadensfall mit sofortiger Wirkung oder mit Wirkung zum Ende des Versicherungsjahres.	Innerhalb eines Monats ab Leistung oder Ablehnung.[5)]
Kündigung wegen Beitragserhöhung[3)]	Nach jeder Beitragserhöhung zu dem Termin, an dem die Erhöhung wirksam wird.	Innerhalb eines Monats ab Erhalt der Mitteilung.

Kündigungsart	Kündigungstermin	Kündigungsfrist
Lebensversicherung (Risikolebens-, Kapitallebensversicherung)		
Ordentliche Kündigung oder Beitragsfreistellung	Zum Ende des Versicherungsjahres, bei Ratenzahlung auch zum Ende jedes Zahlungsabschnitts, aber frühestens zum Ende des ersten Versicherungsjahres.	Ein Monat.
Private Krankenzusatzversicherungen (zum Beispiel Zahnzusatzversicherung oder Auslandsreise-Krankenversicherung)		
Ordentliche Kündigung	Zum Vertragsende, danach jährlich zum Ende des Versicherungsjahres.	Auslandsreise-Krankenversicherung häufig nur ein Monat, ansonsten drei Monate.
Kündigung wegen Beitragserhöhung[3)]	Nach jeder Beitragserhöhung oder Erhöhung der Selbstbeteiligung zu dem Termin, an dem die Erhöhung wirksam wird.	Innerhalb eines Monats ab Erhalt der Mitteilung.
Gesetzliche Krankenversicherung		
Ordentliche Kündigung	Kündigung jederzeit möglich – vorausgesetzt der Kunde ist schon seit mindestens 18 Monaten Mitglied bei seiner Kasse.[6)]	Wechsel nach einer Frist von zwei vollen Monaten ab Erklärung der Kündigung. Beispiel Kündigung am 28. Januar, Wechsel zum 1. April.
Kündigung wegen Beitragserhöhung	Seit Januar 2009 gibt es in der gesetzlichen Krankenversicherung einen einheitlichen Beitragssatz. Versicherte haben ein Sonderkündigungsrecht, wenn die Krankenkasse einen Zusatzbeitrag erhebt oder ihren Zusatzbeitrag erhöht. Das Sonderkündigungsrecht gilt auch, wenn die Krankenkassen zuvor gezahlte Prämien streichen oder kürzen.	Kündigung bis zu dem Zeitpunkt, zu dem der Zusatzbeitrag erstmals fällig wird. Es gilt dann die Wechselfrist von zwei vollen Monaten. Die Kasse muss Versicherte spätestens einen Monat vor der Fälligkeit auf das Kündigungsrecht hinweisen, andernfalls verlängert sich die Kündigungsfrist entsprechend.

1) Keine Kündigung wegen Beitragserhöhung möglich, da gleitende Neuwertversicherung. Ordentliche Kündigung in der Feuerversicherung nur wirksam, wenn der Versicherungsnehmer die Einwilligung der Gläubiger beibringt oder durch beglaubigten Grundbuchauszug nachweist, dass das Haus schuldenfrei ist.

2) Verträge, die vor 1993 in den neuen Bundesländern abgeschlossen wurden.

3) Ohne Verbesserung der Leistung.

4) Haftpflichtversicherung: Statt dem Zeitpunkt der Ablehnung gilt der Zeitpunkt, zu dem einem Versicherungsnehmer eine Klage des Geschädigten zugestellt wird, weil der Versicherer die Schadenersatzleistung verweigert hat; Unfallversicherung: Statt dem Zeitpunkt der Ablehnung gilt der Zeitpunkt, zu dem ein Rechtsstreit des Versicherungsnehmers gegen seinen Versicherer beendet ist, der die abgelehnte Leistung zum Gegenstand hatte (zum Beispiel durch Urteil oder Vergleich).

5) Besteht der Kfz-Haftpflichtversicherer auf einem Rechtsstreit mit dem Geschädigten, gilt der Zeitpunkt, zu dem das Urteil rechtskräftig wird.

6) In jüngeren Jahren besondere Regeln für Wechsel in die private Krankenversicherung, für altere Versicherte allerdings irrelevant.

Ordentliches Kündigungsrecht

Die gute Nachricht ist auch hier: Dank der Reform des Versicherungsvertragsgesetzes ist es seit 2008 einfacher geworden, aus einem langlaufenden Vertrag – zum Beispiel für die Wohngebäudeversicherung – wieder hinauszukommen. Seit dieser Reform können Versicherte einen Vertrag mit einer Laufzeit von mehr als drei Jahren stets schon zum Ende des dritten Vertragsjahres ordentlich kündigen, danach jährlich. Vor der Gesetzesreform konnten langlaufende Verträge frühestens nach fünf Jahren gekündigt werden.

Für andere Policen werden deutlich kürzere Vertragslaufzeiten angesetzt. So gilt der Versicherungsschutz zum Beispiel für die Kfz-Versicherung für ein Jahr. Wird der Vertrag nicht gekündigt, verlängert er sich automatisch. Andere Policen wie etwa eine Lebensversicherung oder auch eine Reiserücktrittsversicherung laufen automatisch zu einem vorher festgelegten Zeitpunkt aus.

Dass die Fristen selbst innerhalb einer Versicherungsart nicht immer einheitlich sind, zeigt das folgende Beispiel:

Beispiel: Christa Kunstmann will ihre Wohngebäudeversicherung für ihr Haus im Saarland wechseln, da sie ein deutlich günstigeres Angebot bekommen hat. Sie hat den Vertrag zum 1. September 1992 mit einer Laufzeit von 10 Jahren abgeschlossen. Nach Ablauf dieser zehn Jahre hatte er sich automatisch jährlich verlängert.

Frau Kunstmann kann ihren Vertrag nun zum kommenden 31. August kündigen. Sie muss dabei eine Kündigungsfrist von drei Monaten einhalten. Ihr Kündigungsschreiben sollte daher bis zum 31. Mai bei ihrem Versicherer eingehen. Wäre ihr Haus in Sachsen, würde es reichen, wenn das Schreiben bis zum 31. Juli einginge. Denn für solche Versicherungsverträge, die vor 1993 in den neuen Bundesländern geschlossen wurden, gelten die „Sonderbedingungen Ost" und die Kündigungsfrist beträgt nur einen Monat (mehr dazu: Tabelle Seite 38).

Ist das Haus noch nicht abbezahlt, braucht sie unabhängig vom Wohnort die Zustimmung der im Grundbuch genannten Kreditgeber. Dafür benötigt sie in der Regel die Zusage eines neuen Versicherers.

Außerordentliches Kündigungsrecht

Neben dem ordentlichen Kündigungsrecht, das zu bestimmten Zeitpunkten besteht, haben Versicherte ein besonderes Kündigungsrecht nach einem Schadensfall oder wenn der Versicherer den Beitrag erhöht, ohne dass dafür mehr Leistungen geboten werden.

Im Schadensfall

Beispiel: In die Wohnung von Elisabeth Hansen ist eingebrochen worden. Die Einbrecher haben ein Notebook, einen Fotoapparat und 100 Euro aus Frau Hansens Haushaltskasse mitgenommen. Sie hat den Schaden direkt bei ihrer Hausratversicherung gemeldet und diese hat ihr am 20. April mitgeteilt, dass sie für sämtliche Schäden aufkommt. Trotzdem ist Frau Hansen nicht zufrieden: Die Dame von der Versicherung erschien ihr sehr unfreundlich, und irgendwie hätte sie sich eine schnellere Klärung gewünscht. Deshalb überlegt sie, den bestehenden Vertrag zu kündigen. Dafür bleibt Frau Hansen nach der Entscheidung über die Kostenübernahme nun ein Monat Zeit. Auch wenn sie kündigt, muss der Versicherer ihr den Schaden ersetzen. Sie muss die Leistung auch nicht zurückzahlen.

Frau Hansen kann mit sofortiger Wirkung kündigen oder zum Ende des Versicherungsjahres. Kündigt sie im Laufe des Versicherungsjahres mit sofortiger Wirkung, muss ihr der Versicherer einen Teil der vorab gezahlten Versicherungsbeiträge zurückzahlen.

Auch der Versicherer kann kündigen

Der Versicherer hat zwar gezahlt, doch noch einmal will er nicht in die Situation kommen: Auch das Versicherungsunternehmen kann dem Kunden nach einem Schadensfall kündigen. Wenn das Schreiben über die Kündigung beim Versicherungsnehmer eingeht, wird die Kündigung einen Monat später wirksam. Vorab gezahlte Versicherungsbeiträge für die ausstehenden Monate des Versicherungsjahres muss der Versicherer dann erstatten.

Mehr Beitrag ohne Gegenleistung

Kündigt der Versicherer einen höheren Beitrag an, ohne gleichzeitig die Leistungen zu erhöhen, darf der Kunde ebenfalls direkt aus dem Vertrag aussteigen. Sein Kündigungsschreiben muss spätestens einen Monat nach Ankündigung der Erhöhung beim Versicherer sein. Die Kündigung wird wirksam zu dem Zeitpunkt, zu dem der höhere Beitrag fällig wäre.

Immer schriftlich kündigen

Sobald Versicherte wissen, zu welchem Termin sie aus ihrem Vertrag herauskommen, können sie ihre Kündigung einreichen. Die Kündigung muss schriftlich erfolgen, ein Telefonanruf beim Vermittler reicht dafür nicht aus. Um sicherzugehen, dass die Kündigung auch beim Versicherer eingeht, bietet es sich an, das Schreiben per Einschreiben zu schicken. Merken die Kündigungswilligen, dass die Zeit für einen

CHECKLISTE: Erfolgreich kündigen – Schritte aus dem Vertrag

- **Schriftlich:** Kündigen Sie immer schriftlich. Das Kündigungsschreiben muss Ihre Unterschrift tragen.
- **Nummer:** Geben Sie im Kündigungsschreiben Ihre Versicherungsschein-Nummer an, um klarzustellen, um welchen Vertrag es sich handelt.
- **Begründung:** Wenn Sie einen Versicherungsvertrag ordentlich kündigen – also zum Ablauf der Versicherungslaufzeit – müssen Sie die Kündigung nicht begründen. Weisen Sie auf die fristgerechte Kündigung zu dem jeweiligen Datum hin. Wenn Sie Ihren Vertrag außerordentlich kündigen, geben Sie zusätzlich den Hintergrund an – zum Beispiel Kündigung aufgrund von Beitragserhöhung oder Kündigung nach einem Schadensfall.
- **Bestätigung:** Fordern Sie den Versicherer auf, Ihnen eine Kündigungsbestätigung zu schicken, damit Sie Gewissheit haben, dass alles glatt gelaufen ist.
- **Dokumentation:** Sicher gehen Sie, wenn Sie die Kündigung per Einschreiben mit Rückschein an den Versicherer senden. Möglich ist auch ein Fax. Dann sollten Sie aber die Sendebestätigung unbedingt aufbewahren.

Brief zu knapp werden könnte, können sie ein Fax schicken. Entscheidend ist hier, dass sie nach dem Verschicken einen Sendebericht erhalten, aus dem hervorgeht, was geschickt wurde und ob es angekommen ist. In Gerichtsverfahren hat sich gezeigt, dass die Richter einen solchen Nachweis als Beleg für den pünktlichen Eingang akzeptieren. Anders ist es, wenn der Kunde per E-Mail kündigt. Hier wird es schwerfallen, nachzuweisen, dass die Nachricht pünktlich eingegangen ist.

MUSTERSCHREIBEN
Im Serviceteil des Ratgebers finden Sie Beispiele, wie ein solches Kündigungsschreiben aussehen kann und welche Informationen es enthalten sollte (siehe Seite 183).

SCHÄDEN BEI ANDEREN

Zu den Versicherungen, die ein absolutes Muss für jeden Haushalt sind, gehört die Privathaftpflicht. Denn wenn Sie jemandem einen Schaden schuldhaft zufügen, haften Sie dafür, und das mit Ihrem gesamten Vermögen und dem Einkommen oberhalb der Pfändungsgrenze. Häufig reicht die Privathaftpflichtpolice, doch unter anderem Vermieter und Hundebesitzer benötigen zusätzliche Absicherung.

NIEMALS OHNE PRIVATHAFTPFLICHT

Gesetzlich vorgeschrieben ist der Schutz einer privaten Haftpflichtversicherung nicht. Trotzdem sollte niemand darauf verzichten, denn sonst könnte ein kleines Missgeschick nicht nur ärgerliche Folgen haben, sondern womöglich zum finanziellen Ruin führen.

Beispiel: Christa und Gerhard Schneider leben in ihrem eigenen Haus. Bei kaltem Winterwetter ist der Hof davor von einer spiegelglatten Eisschicht überzogen. Die Schneiders haben nicht aufgepasst und vergessen, die Fläche zu streuen, sodass eine Nachbarin, die nachmittags zu Besuch kommt, ausrutscht und sich schwer verletzt.

Die Privathaftpflichtversicherung der Schneiders kommt für die Schadenersatzansprüche der Nachbarin auf: Schmerzensgeld, Behandlungskosten, im schlimmsten Fall würde der Versicherer sogar die Rentenzahlungen übernehmen, wenn die Frau nicht mehr arbeiten könnte. Ohne den Versicherungsschutz müssten die Schneiders diese Ausgaben aus eigener Tasche zahlen. Denn per Gesetz haftet jeder Bürger für Schäden, die er einer anderen Person zufügt, mit seinem

Vermögen und mit seinem Einkommen oberhalb der Pfändungsgrenze. Hier springt die private Haftpflichtversicherung ein und zahlt für Personen-, Sach- und Vermögensschäden, die der Versicherte selbst verschuldet oder unabsichtlich verursacht hat. Für den Schutz spielt es keine Rolle, ob das Unglück passiert ist, weil der Versicherte leicht oder grob fahrlässig gehandelt hat. Nur wenn er einen Schaden vorsätzlich herbeiführt, kann der Versicherer die Zahlung verweigern.

Natürlich muss es nicht immer so dramatisch sein, dass gleich eine Person schwer verletzt wird. Viel häufiger kommt es zu kleineren Schäden, für die der Haftpflichtversicherer gefordert ist: Er springt ein, wenn ein Besucher bei den Gastgebern Wein auf der teuren Couch verschüttet hat und diese nun neu bezogen werden muss. Er springt ein, wenn sich der Versicherte aus Versehen auf die Brille seines Freundes setzt oder wenn er mit dem Fahrrad unterwegs ist, stürzt und dabei ein parkendes Auto beschädigt. Die Opfer der Missgeschicke bekommen die Kosten für eine Reparatur ersetzt. Müssen neue Gegenstände angeschafft werden, erstattet der Versicherer allerdings nur den Zeitwert der beschädigten Güter. Das ist zum Beispiel bei der Hausratversicherung anders (siehe Seite 110).

Mindestens 3 Millionen Euro Versicherungssumme

Die private Haftpflichtversicherung sollte zumindest eine Versicherungssumme von 3 Millionen Euro pauschal für Personen- und Sachschäden haben. Viele Tarife bieten heute deutlich umfangreicheren Schutz von zum Beispiel 5 oder 10 Millionen Euro.

KOMPASS Private Haftpflichtversicherung

Was zahlt sie? Der Versicherer kommt für Personen-, Sach- und Vermögensschäden auf, die der Versicherte unabsichtlich und selbstverschuldet verursacht hat.
Wer braucht sie? Jeder!
Was kostet sie? Für unter 100 Euro gibt es sehr guten und umfangreichen Versicherungsschutz ohne Selbstbeteiligung.

VERSICHERUNGSSUMME ANPASSEN
Prüfen Sie die Höhe Ihrer Versicherungssumme und passen Sie sie gegebenenfalls an die pauschal empfohlenen 3 Millionen Mindestversicherungssumme für Personen- und Sachschäden an. Gerade wenn Sie noch einen alten Vertrag haben, kann es sein, dass eine deutlich niedrigere Summe vereinbart ist.

Die Tarife für eine private Haftpflichtversicherung können ganz unterschiedlich ausgestaltet sein. In der Regel zahlt der Versicherer in Höhe des festgestellten Schadens. Manchmal werden allerdings auch Tarife mit Selbstbehalt verkauft, die dann günstiger sind. Gilt ein Selbstbehalt von 150 Euro, würde der Versicherer nicht die komplette Brille ersetzen, wenn sein Kunde einem Freund diesen Schaden zugefügt hat, sondern 150 Euro müsste der Versicherte aus eigener Tasche zahlen. Solche Einschränkungen sparen zwar Beiträge, doch bei den vielen kleineren Schäden zahlt sich dieser Vorteil beim Beitrag oft nicht aus.

Große Vielfalt bei den Leistungen

Tarifunterschiede gibt es vor allem auch bei den Leistungen, die der Versicherer im Ernstfall bietet. Häufig halten die Versicherer verschiedene Tarifangebote für ihre Kunden bereit – zum Beispiel ein mehrstufiges Angebot von „Basis" über „Klassik" bis hin zum „Komfort"-Angebot, wobei sich die Bezeichnungen natürlich unterscheiden können.

In bestimmten Lebenssituationen bietet die Privathaftpflichtversicherung immer Schutz: Wenn der Versicherte als Fußgänger oder Radfahrer am Straßenverkehr teilnimmt und einen Schaden verursacht, kommt der Versicherer auf. Auch für Urlaubsreisen gilt der Schutz der deutschen Privathaftpflichtversicherung: Wer also beispielsweise auf der Radtour in der Toskana versehentlich einen Mitfahrer zu Fall bringt, kann sich auf den Schutz der Haftpflichtversicherung verlassen.

Doch es gibt auch Situationen und mögliche Schäden, bei denen es kniffelig werden kann, Geld vom Versicherer zu bekommen. Die Stiftung Warentest hat deshalb für ihre Untersuchungen der privaten Haftpflichtversicherung einen Grundschutz definiert: Die folgenden Leistungen sollte jeder Tarif neben der pauschalen Versicherungssumme von 3 Millionen Euro für Personen- und Sachschäden noch bieten:

Allmählichkeitsschäden: Sie sollten pauschal gedeckt sein. Allmählichkeitsschäden sind Schäden, die etwa durch Feuchtigkeit, Ruß, Rauch oder Staub im Laufe längerer Zeit entstehen. Wenn zum Beispiel ein Wohnungsbesitzer beim Bohren eine Wasserleitung trifft und erst viel später die feuchten Stellen in der Nachbarwohnung sichtbar werden, kommt der Versicherer dafür auf.

Computer: Schäden, zum Beispiel durch unbeabsichtigt übertragene Computerviren, müssen bis zu einer Höhe von 50 000 Euro versichert sein.

Häusliche Abwässer: Schäden, die häusliche Abwässer etwa durch ein geplatztes Rohr angerichtet haben, sollten versichert sein.

Hüten fremder Hunde/fremder Pferde: Schäden, die entstehen, wenn der Versicherte zum Beispiel auf den Hund seiner Nachbarn aufpassen muss, sollten abgesichert sein.

Lagerung gewässergefährdender Substanzen: Der Versicherer kommt für Kosten auf, die durch die Verschmutzung von Gewässern oder Grundwasser durch gewässerschädigende Stoffe in haushaltsüblichen Mengen entstehen: Wenn zum Beispiel Farbe, die im Keller lagert, ins Grundwasser sickert.

Mietsachschäden: Schäden, die der Versicherte in einer Mietwohnung anrichtet, sollten bis mindestens 300 000 Euro über die Privathaftpflichtversicherung gedeckt sein. Wie schnell kann es passieren, dass dem Mieter ein Fläschchen ins Waschbecken fällt und dort Keramik abspringt? Der Schutz der Haftpflichtversicherung sollte auch für gepachtete Schrebergärten oder ein gemietetes Ferienhaus gelten.

Mieten einer Ferienwohnung im Ausland: Die Versicherung sollte für Schäden aufkommen.

Schutz im Ausland: Wer für den Sommerurlaub ins Ausland reist, muss sich keine Sorgen machen, denn der Schutz der deutschen

Haftpflichtversicherung ist dabei. Der Schutz sollte während eines Auslandsaufenthalts bis zu drei Jahren in der Europäischen Union und bis zu einem Jahr weltweit wie im Inland gelten. Einzelne Anbieter erweitern den Schutz auf mehr Jahre.

Vorsorgeversicherung: Der Versicherer zahlt, wenn sich eine neue Risikosituation beim Versicherungsnehmer ergibt. Legt sich zum Beispiel jemand einen Hund zu, schützt die Privathaftpflichtversicherung bis zum Abschluss einer speziellen Tierhalterhaftpflichtversicherung. Der Schutz gilt von Anfang an – zumindest für Schäden in Höhe von 3 Millionen Euro pauschal und 50 000 Euro für Vermögensschäden.

Manchmal lieber etwas mehr zahlen

Über diesen Grundschutz hinaus sind weitere Leistungen des Versicherers möglich. Einige von ihnen können je nach Lebenssituation äußerst sinnvoll sein. Denn leider zahlt die Privathaftpflichtversicherung längst nicht in allen Situationen, in denen man ganz selbstverständlich davon ausgeht, dass sie zahlen müsste. Deshalb spricht je nach persönlicher Situation vieles dafür, nicht unbedingt den günstigsten Tarif zu wählen, sondern einen leistungsstarken Tarif, der etwas mehr bietet. Das zeigen folgende Beispielsituationen:

Schäden an gemieteten oder geliehenen Sachen: Der Versicherte leiht sich von seinem Freund eine Kamera für die Urlaubsreise und lässt sie beim Kofferpacken fallen. In dem Fall muss der Versicherer nicht für den Schaden an der Kamera aufkommen, denn Schäden an gemieteten oder geliehenen Gegenständen sind grundsätzlich vom Versicherungsschutz ausgenommen. Es gibt allerdings Versicherer, die trotzdem zahlen – zumindest bis zu einer bestimmten Höhe.

Gefälligkeitshandlungen: Der Versicherte hilft seinen Nachbarn beim Umzug. Er hat sich zu viel zugemutet und lässt im Treppenhaus eine schwere Kiste fallen. Der Inhalt geht dabei kaputt. Auch hier müsste der Versicherer des hilfsbereiten Umzugshelfers nicht einspringen. Denn in so einer Situation geht man von einem „stillschweigenden Haftungsausschluss" aus: Wer Freunde oder Bekannte um Hilfe bittet, hat keinen Anspruch darauf, den Schaden ersetzt zu bekommen. Das ist ärgerlich, gerade wenn es dann unter Freunden zum

Streit um das Geld kommt. Gut ist in der Situation der Umzugshelfer dran, dessen Versicherung trotz des Haftungsausschlusses einspringt – zumindest bei Schäden bis zu einer bestimmten Höhe.

Deliktunfähige Kinder: Ein Versicherter passt im Auftrag seiner Tochter auf die vierjährige Enkelin auf. Das Kind läuft los und zerkratzt mit einem Zweig ein fremdes Auto. Käme heraus, dass der Großvater seine Aufsichtspflicht verletzt hat, würde seine private Haftpflichtversicherung für den Schaden aufkommen. Anders ist jedoch die Situation, wenn dem Mann, der das Kind die ganze Zeit über nicht aus den Augen gelassen hat, kein Vorwurf wegen verletzter Aufsichtspflicht zu machen ist: Dann haftet der Großvater nicht für den Schaden und demnach wird auch seine Versicherung nicht dafür zahlen. Und auch die Versicherung des Enkelkindes beziehungsweise die seiner Eltern wird in der Regel nicht für den Schaden am Auto aufkommen: Das Mädchen, das das Auto zerkratzt hat, ist noch keine sieben Jahre und ist deshalb nicht deliktfähig. Somit haftet es nicht für den Schaden und muss diesen auch nicht ersetzen. Auch die Privathaftpflichtversicherung der Familie muss dann nicht einspringen. Manche Versicherer tun es trotzdem und zahlen für Schäden durch deliktunfähige Kinder – wenn auch nur bis zu einer begrenzten Höhe.

Diese Beispiele zeigen, dass es sich je nach individueller Situation lohnen kann, doch einen etwas teureren Tarif abzuschließen, der besondere Extras enthält. Manche dieser Extraleistungen können auch erst im Laufe der Zeit sinnvoll werden: wenn Hausbesitzer zum Beispiel eine Fotovoltaikanlage auf das Hausdach setzen. In dem Fall sollten sie nicht nur mit ihrem Wohngebäudeversicherer über diese neue Installation sprechen und die Anlage in den Schutz mit aufnehmen lassen, sondern auch auf die Leistungen der Privathaftpflichtversicherung schauen. Denn diese Versicherung deckt den Betrieb einer eigenen netzgekoppelten Fotovoltaikanlage nicht immer mit ab. Die Besitzer sollten mit dem Haftpflichtversicherer klären, ob Schäden, die im Zusammenhang mit der Einspeisung des Stroms in das öffentliche Stromnetz anfallen, mit versichert sind.

Sehr gute Privathaftpflichtversicherungen gibt es bereits für weniger als 100 Euro im Jahr. Es geht zwar noch günstiger, aber je nach Schadensfall verzichten die Versicherten dann auf wichtige Extras, die womöglich den Nachbarschaftsfrieden oder eine Freundschaft retten können. Wenn im bisherigen Schutz bestimmte Extraleistungen fehlen, ist es häufig möglich, diese beim aktuellen Versicherer zusätzlich mit abzuschließen oder den Versicherungsschutz aufzustocken.

INFO **Das ist vom Versicherungsschutz ausgeschlossen**

Verschiedene Leistungen sind grundsätzlich vom Versicherungsschutz der Privathaftpflichtversicherung ausgeschlossen – zum Beispiel Ersatz für Schäden, die der Versicherte durch das Führen eines Pkw verursacht. Für dieses und andere Risiken müssen Sie speziellen Haftpflichtschutz abschließen (siehe Seite 52).
Darüber hinaus zahlt der Versicherer nicht für Ansprüche,

- die bei beruflicher oder betrieblicher Tätigkeit entstanden sind.
- die durch vorsätzlich herbeigeführte Schäden entstanden sind. Für Schäden infolge grober Fahrlässigkeit besteht aber Schutz.
- die Versicherungsnehmer oder Versicherte, die über einen gemeinsamen Vertrag geschützt sind (zum Beispiel Ehepartner und unverheiratete Lebensgefährten), gegeneinander stellen, wenn sie sich also gegenseitig geschädigt haben. Stößt eine Frau aus Versehen das Rad ihres Lebensgefährten um, muss ein gemeinsamer Versicherer den Schaden nicht erstatten. Hätte die Frau noch einen eigenen Vertrag, würde ihr Versicherer zahlen.

Was, wenn mir jemand einen Schaden zufügt und nicht zahlen kann?
Selbst eine leistungsstarke Haftpflichtversicherung zu haben, ist wichtig. Doch was, wenn derjenige, der einen Versicherten mit dem Fahrrad umfährt, keinen Vertrag abgeschlossen hat? Für den Fall ist es hilfreich, wenn der eigene Haftpflichtvertrag eine Forderungsausfalldeckung enthält. Dann springt die eigene Versicherung ein, wenn jemand ohne private Haftpflichtversicherung einen größeren Schaden (ab 2500 Euro) verursacht und selbst zahlungsunfähig ist. Bevor der Versicherer zahlt, muss der Geschädigte allerdings alle rechtlichen Möglichkeiten ausschöpfen, um doch noch Geld vom Schadenverursacher zu erhalten.

SENIORENTARIF NICHT IMMER GÜNSTIG
Viele Haftpflichtversicherer bieten für ihre Kunden spezielle Seniorentarife an. Selbst wenn diese bei dem jeweiligen Versicherer günstiger sind als die „Normaltarife", heißt das nicht automatisch, dass sie auch insgesamt günstig sind. Es lohnt sich auch hier, die Leistungen genau zu prüfen und diese mit normalen Angeboten anderer Versicherer zu vergleichen – egal ob Senioren- oder Normaltarif.

ZUSÄTZLICHER HAFTPFLICHTSCHUTZ

Was die Privathaftpflichtversicherung nicht abdeckt, sollten Ruheständler je nach individueller Lebenssituation über zusätzliche Haftpflichtversicherungen absichern. An erster Stelle ist hier die Kfz-Haftpflichtversicherung zu nennen (siehe Seite 124). Doch es gibt noch mehr Policen, die wichtig sein können:

Kfz-Haftpflichtversicherung
Alle Schäden, die im Zusammenhang mit dem Führen eines Kraftfahrzeugs passieren, sind kein Fall für die Privathaftpflichtversicherung, sondern für die Kfz-Haftpflichtversicherung. Unter Umständen ist es nicht immer einfach, die Fälle zuzuordnen:

Beispiel: Christa Schuster kommt aus dem Supermarkt, geht zu ihrem Auto und packt die gekauften Waren aus ihrem Einkaufswagen in den Kofferraum. Sie lässt ihren Einkaufswagen kurz aus den Augen, dieser rollt weg und beschädigt einen anderen Wagen auf dem Parkplatz.

Obwohl Frau Schuster in dem Moment ihr Auto nicht bewegt hat, ist dieser Schaden ein Fall für die Kfz-Versicherung. Denn er ist im Zusammenhang mit dem Führen eines Kraftfahrzeugs entstanden. Die Frau hat den Kofferraum vollgepackt, um anschließend losfahren zu können. Der Privathaftpflichtversicherer würde nicht zahlen.

Für Versicherte ist diese Situation ärgerlich: Seine Kfz-Haftpflichtversicherung springt zwar ein, doch im Anschluss kann der Versicherer Frau Schuster in eine schlechtere Schadenfreiheitsklasse einstufen, sodass ihr Schutz in Zukunft teurer wird (siehe Seite 128). In der Privathaftpflicht gibt es solche Schadenfreiheitsklassen nicht.

Tierhalterhaftpflicht

Solange Katzen, Vögel oder Meerschweinchen zum Haushalt gehören, reicht der Schutz der Privathaftpflichtversicherung aus. Für größere Tiere wie Hund oder Pferd benötigen die Tierhalter allerdings separaten Schutz. Die Tierhalter-Haftpflichtversicherung springt ein, wenn sich zum Beispiel der eigene Hund losreißt und einen Radfahrer zu Fall bringt. Bricht ein Pferd aus der Weide aus und rennt vor ein Auto, zahlt der Versicherer für den Schaden.

Das Hüten fremder Hunde und Pferde ist hingegen in sehr guten und guten Tarifen über die Privathaftpflichtversicherung geschützt. Wenn also jemand vorübergehend auf den Hund einer Bekannten aufpasst, und dieser reißt sich dann los, kommt der Privathaftpflichtversicherer für die Folgen auf.

Wassersport-Haftpflicht

Mit dem Motorboot unterwegs? Hier kommt es auf die Formulierungen im Vertrag an. Das Führen kleiner Boote kann über die private Haftpflichtversicherung geschützt sein. Geht es um größere Schiffe, dürfte zusätzlicher Schutz in Form einer Wassersport-Haftpflichtversicherung notwendig werden. Wer zum Beispiel für eine Urlaubsreise eine Bootstour plant, sollte sich frühzeitig beim Versicherer erkundigen, wie weit sein Schutz reicht. Außerdem sollten die Urlauber den Bootsvermieter nach dem Versicherungsschutz fragen.

Haus- und Grundbesitzerhaftpflicht

Das selbstbewohnte Einfamilienhaus ist durch die Privathaftpflichtversicherung geschützt. Solange ein Hausbesitzer darüber hinaus nur einzelne Zimmer oder eine einzelne Wohnung in seinem selbstgenutzten Haus vermietet, reicht häufig eine Privathaftpflichtpolice aus. Viele Versicherer gestatten die Vermietung von bis zu drei Zimmern im eigenen Haus. Sobald jemand jedoch mehr als das vermietet, ist eine Haus- und Grundbesitzerhaftpflichtversicherung unbedingt zu empfehlen. Die Versicherungssumme sollte bei mindestens 3 Millionen Euro liegen. Der Versicherer springt ein, wenn zum Beispiel jemand auf dem Grundstück auf einem nicht gestreuten Weg ausrutscht oder wenn eine herabfallende Dachpfanne ein fremdes Auto beschädigt.

Der Schutz gilt zum Beispiel auch, wenn ein Baum auf dem Grundstück steht und bei Sturm umfällt. Lässt sich nachweisen, dass der Hausbesitzer nicht aufgepasst hat und den morschen Baum längst hätte fällen müssen, haftet er für den Schaden. Stand der Baum auf dem Grundstück eines selbstgenutzten Eigenheims, zahlt die Privathaftpflicht. Stand er auf einem Grundstück mit mehreren vermieteten Wohnungen, käme die Haus- und Grundbesitzerhaftpflicht dafür auf.

Gewässerschaden-Haftpflicht

Eine Ölheizung ist ein zusätzliches Risiko für Hausbesitzer. Denn wenn der Öltank leckt und Heizöl in das Grundwasser sickert, wird es teuer. Womöglich reicht der Schutz der privaten Haftpflichtversicherung hier nicht aus. Das sollten Hausbesitzer prüfen und in den Unterlagen nachsehen, ob der Versicherer zum Beispiel eine bestimmte Maximalgröße für den Tank vorgibt oder ob er nur oberirdische Tanks versichert. Sind die in den Vertragsbedingungen für die Privathaftpflichtversicherung genannten Vorgaben nicht erfüllt, wenn die Versicherten beispielsweise in ein neues, kleineres Haus mit Ölheizung ziehen, benötigen sie eine zusätzliche Gewässerschaden-Haftpflichtversicherung. Diese Police sollten Hausbesitzer wenn nötig unbedingt abschließen, denn der Versicherer übernimmt im Ernstfall die Kosten für das Ausbaggern, Abfahren und Entsorgen des verschmutzten Erdreichs als Sondermüll.

Bauherren-Haftpflicht

Alle, die ein neues Haus bauen, müssen für dieses Vorhaben eine Bauherren-Haftpflichtversicherung abschließen. Im Rentenalter wird das große Bauvorhaben „Eigenheim" häufig längst abgeschlossen sein, doch auch bei Umbaumaßnahmen ist unter Umständen Vorsicht geboten. In der Privathaftpflichtversicherung sind kleinere Bauvorhaben mit abgesichert – je nach Tarif zum Beispiel Arbeiten mit einer Bausumme von bis zu 50 000 Euro. Sind größere Maßnahmen geplant – zum Beispiel der Ausbau des Dachgeschosses und ein behindertengerechter Umbau des gesamten Hauses –, empfiehlt es sich, vorher mit dem Versicherer zu sprechen, ob die Privathaftpflichtversicherung hier noch ausreicht.

INFO Schutz im Ehrenamt

Wenn Sie sich ehrenamtlich betätigen, bietet die Privathaftpflichtversicherung zumindest in vielen Bereichen Schutz, etwa, wenn Sie als Platzwart für den Sportverein aktiv sind oder eine Bürgerinitiative beim Straßenfest unterstützen. Sobald Sie jedoch eine verantwortungsvolle Position übernehmen – zum Beispiel als Vereinsvorsitzender oder Kassenwart –, benötigen Sie zusätzlichen Schutz. Klären Sie mit dem Verein ab, ob eine Vereinshaftpflichtversicherung besteht. Gibt es diese nicht und springt auch die eigene Privathaftpflicht nicht ein, bleibt letztlich noch der Schutz der Gruppenhaftpflichtversicherung, den viele Bundesländer ehrenamtlich Engagierten bieten. Erkundigen Sie sich früh genug beim Verein.

SCHUTZ FÜR IHRE GESUNDHEIT

Krankheit, Unfall, Pflege: Eine gute Absicherung ist hier wichtig. Basisschutz bietet bereits die gesetzliche Kranken- und Pflegeversicherung. Wer diesen Schutz verbessern möchte, kann sich zusätzlich privat versichern. Die Versicherer eilen gerne zu Hilfe mit einem breiten Angebot auch speziell für ältere Kunden. Vieles davon ist sinnvoll, aber das gilt nicht für alle Produkte.

PFLICHTPROGRAMM KRANKENVERSICHERUNG

Absolut keine Diskussion gibt es über die Notwendigkeit einer Krankenversicherung. Sie gehört zum Pflichtprogramm unter den Versicherungen, und das ist seit Anfang 2009 auch per Gesetz geregelt. Seither gilt in Deutschland eine Krankenversicherungspflicht für alle. War es früher noch möglich, dass mancher Versicherte aus dem Netz der Krankenversicherung herausfallen konnte, wenn er zum Beispiel die Beiträge für die private Krankenversicherung nicht mehr aufbringen konnte, soll das mit der veränderten Gesetzgebung vorbei sein. Es soll nicht mehr vorkommen, dass zum Beispiel ein Selbstständiger mit finanziellen Problemen plötzlich ohne jegliche Absicherung im Krankheitsfall dasteht.

Rentner sind entweder in der gesetzlichen oder in der privaten Krankenversicherung. Die Entscheidung für die eine oder andere Form der Absicherung ist deutlich früher, während des Berufslebens, gefallen. Für die private Krankenversicherung entscheiden sich die Versicherten häufig im Alter zwischen 25 und 40 Jahren. Ein späterer Wechsel ist nicht zu empfehlen, da der private Schutz immer teurer wird, je älter der Versicherte beim Abschluss ist. Bei bestimmten Vorerkrankungen gibt es dann gar keinen oder keinen bezahlbaren Vertrag mehr.

Die private Krankenversicherung steht den meisten Selbstständigen unabhängig von ihrem Einkommen offen, Angestellte können sich nur privat versichern, sobald sie ein bestimmtes Einkommen erreicht haben. Wieder anders ist die Situation von Beamten: Sie haben Anspruch auf Beihilfe durch ihren Dienstherren. Er übernimmt einen bestimmten Anteil der Behandlungskosten. Dadurch ist für sie die private Krankenversicherung in der Regel günstiger als der gesetzliche Schutz. Diese Beihilfe steigt im Ruhestand noch weiter an, sodass ehemalige Beamte in der privaten Krankenversicherung im Alter häufig besser dastehen als ehemalige Angestellte oder Selbstständige (siehe Seite 66).

Kein Zurück

An der Entscheidung, ob jemand gesetzlich oder privat versichert ist, lässt sich ab einem bestimmten Alter nichts mehr ändern. Ein später Wechsel in die private Krankenversicherung ist nicht mehr ratsam. Und umgekehrt gilt: Ab dem 55. Lebensjahr ist es in aller Regel nicht mehr möglich, aus der privaten Krankenversicherung in das gesetzliche System zurückzukehren. Dementsprechend heißt es nun für Rentner, aus der bestehenden Situation das Bestmögliche zu machen.

Gesetzlich krankenversichert nach festen Regeln

Alle, die in der gesetzlichen Krankenversicherung sind, zahlen einen einheitlichen Beitragssatz. Dieser liegt derzeit bei 14,9 Prozent des beitragspflichtigen Einkommens, soll aber 2011 auf 15,5 Prozent steigen. Dieser Beitragssatz gilt unabhängig vom Alter, Geschlecht und Gesundheitszustand des Versicherten, sodass sowohl Arbeitnehmer als auch Rentner diesen Satz aufbringen müssen. Für Arbeitnehmer übernimmt der Arbeitgeber einen Teil der Beitragszahlungen, Rentner erhalten einen Zuschuss aus der Rentenversicherung. Wie viel Beitrag zu zahlen ist, richtet sich nach der Höhe des Einkommens oder der Rente. Auf Einkünfte über der Beitragsbemessungsgrenze von 3 750 Euro im Monat (Stand: 2010) werden keine Beiträge erhoben.

BETRIEBLICHE ALTERSVORSORGE ZÄHLT VOLL
Wenn Sie eine Rente oder Pension aus einer Altersvorsorge über Ihren früheren Arbeitgeber erhalten, müssen Sie für diese Zahlungen den kompletten Beitragssatz von 14,9 Prozent allein tragen. Auch an den Beiträgen zur Pflegeversicherung beteiligen sich der Arbeitgeber und der Rentenversicherungsträger in diesem Fall nicht.

Prämien und Zusatzbeiträge

Bei dem Beitrag von 14,9 Prozent des Einkommens bleibt es allerdings nicht für alle Versicherten: Denn 2010 haben die ersten Krankenkassen damit begonnen, Zusatzbeiträge von ihren Mitgliedern zu kassieren. Diesen Beitrag zahlen die Versicherten allein, Arbeitgeber und Rentenkasse beteiligen sich nicht daran.

Diesen Zusatzbeitrag müssen die Krankenkassen erheben, wenn sie mit dem Geld, das ihnen für ihre Versicherten zur Verfügung steht, nicht auskommen. Hingegen gab es 2010 nur einzelne Kassen, die ihren Versicherten Prämien ausgezahlt haben, wenn sie mit dem Geld für ihre Versicherten gut hingekommen sind. Zusatzbeitrag und Prämie gelten nur für die Mitglieder. Für beitragsfrei mitversicherte Ehepartner ändert sich nichts, wenn die Krankenkasse zusätzlich Geld fordert oder Prämien ausschüttet.

KOMPASS Gesetzliche Krankenversicherung

Was zahlt sie? Sie übernimmt die Ausgaben für die medizinisch notwendige Versorgung ihrer Mitglieder und deren beitragsfrei mitversicherte Angehörige.
Wer braucht sie? Alle, die nicht privat krankenversichert sind.
Was kostet sie? Der Beitragssatz liegt derzeit bei 14,9 Prozent, wobei Rentner 7,9 Prozent von ihrer Rente selbst zahlen. Für eine Betriebsrente zahlen sie den vollen Beitragssatz von 14,9 Prozent selbst. Möglich sind darüber hinaus Zusatzbeiträge oder auch Rückerstattungen in Form von Prämien.

Geld aus dem großen Topf

Die notwendigen Mittel für ihre Versicherten bekommen die Kassen aus dem sogenannten Gesundheitsfonds, der Anfang 2009 eingeführt wurde. In diesen Fonds fließen die Zahlungen sämtlicher Beitragszahler sowie Steuermittel. Welcher Betrag den einzelnen Kassen aus diesem Topf zusteht, richtet sich unter anderem nach dem Alter und dem Gesundheitszustand ihrer Versicherten. Reicht ihnen dieses Geld nicht, müssen sie Zusatzbeiträge erheben: Die Kassen dürfen derzeit maximal 1 Prozent des Bruttoeinkommens zusätzlich verlangen. Ob sie diesen prozentualen Beitrag nehmen, oder ob sie einen pauschalen, für alle Versicherten gleichen Eurobetrag verlangen, steht ihnen frei. Nehmen sie einen Eurobetrag, dürfen sie dies bis 8 Euro ohne Einkommensprüfung tun. Verlangt die Kasse 1 Prozent des Bruttoeinkommens, zählt für diese Rechnung die Bruttorente und nicht die Nettorente, die nach Abzug der Sozialversicherungsbeiträge tatsächlich auf dem Konto landet.

Ab 2011 soll die Obergrenze von 1 Prozent entfallen, die Kassen dürfen ihren Zusatzbeitrag dann selbst festlegen. Übersteigt der Zusatzbeitrag 2 Prozent des Bruttoeinkommens, sollen die Versicherten einen finanziellen Ausgleich erhalten. Um den Zusatzbeiträgen zu entgehen, bleibt der Kassenwechsel (siehe Kasten Seite 63).

Mit Extraleistungen punkten

Die Leistungen, die die gesetzlichen Krankenkassen zu erbringen haben, sind gesetzlich geregelt. Es steht genau fest, wie viel die Kassen zum Beispiel für bestimmte Medikamente übernehmen, unter welchen Voraussetzungen sie für eine Kur zahlen oder wie viel Geld sie für Hilfsmittel wie Hörgerät oder Rollstuhl dazugeben. Genauso steht fest, dass Patienten im Krankenhaus im Normalfall nicht vom Chefarzt, sondern von einem diensthabenden Arzt (zum Beispiel Stationsarzt) behandelt werden und dass sie im Mehrbettzimmer untergebracht werden. Insgesamt sind etwa 90 Prozent der Leistungen aller gesetzlichen Krankenkassen identisch.

Doch über die gesetzlich geforderten Mindeststandards hinaus gibt es einige Extraleistungen und besondere Serviceangebote, die manche Kasse bietet, andere Kassen aber nicht. Sind diese Extras den Versicherten wichtig, sollten sie versuchen, aus dem breiten Angebot von Kassen – noch immer existieren weit über 100 Krankenkassen – die Kasse herauszufinden, die am besten zu ihren Bedürfnissen passt. So bieten zahlreiche Krankenkassen zum Beispiel Mehrleistungen bei häuslicher Krankenpflege oder auch Kostenübernahme für homöopathische Behandlungen an. Außerdem gibt es unterschiedliche Bonusprogramme: Hier belohnen die Kassen die Versicherten, die etwa an Sportkursen teilnehmen, regelmäßig Vorsorgeuntersuchungen wahrnehmen, einen angemessenen Body-Mass-Index nachweisen oder sich das Rauchen abgewöhnen. Wer verschiedene Leistungen nachweist, erhält Geld oder auch Sachprämien als Belohnung für gesundheitsbewusstes Verhalten.

Ein wichtiges Kriterium für die Auswahl der richtigen Kasse dürfte für viele Versicherte deren Erreichbarkeit sein. Wem es wichtig ist, einen direkten Ansprechpartner vor Ort zu haben, sollte zu einer Kasse gehen, die ein breites Geschäftsstellennetz führt. Darüber hinaus sind zahlreiche Kassen über eine medizinische Hotline zum Teil sogar rund um die Uhr erreichbar.

VORSORGE IST BARES GELD WERT

Wenn Sie sportlich aktiv sind und regelmäßig zu Vorsorgeuntersuchungen gehen, fragen Sie bei Ihrer Kasse nach deren Bonusprogramm. Das kann sich lohnen. Zudem unterstützen die Krankenkassen Sie, wenn Sie zum Beispiel an einer Aktivwoche oder auch an kasseneigenen Kursangeboten teilnehmen. Einige Programme sind speziell auf ältere Teilnehmer zugeschnitten.

Kasse wechseln?

Kann ich denn mit über 60 überhaupt noch meine Krankenkasse wechseln? Ja, auch im Rentenalter ist ein Wechsel der Krankenkasse möglich. Eine Krankenkasse kann Versicherte, die verpflichtet sind, sich gesetzlich zu versichern, nicht ablehnen, selbst wenn sie bereits schwer erkrankt sind. Mit dieser Wechselmöglichkeit haben gesetzlich Versicherte einen Vorteil gegenüber privat Krankenversicherten (siehe Seite 66).

Ein Wechsel der Krankenkasse kann sich zum Beispiel lohnen, wenn ein Versicherter mit den Leistungen oder dem Service seiner Kasse nicht mehr zufrieden ist und sich ein stärker auf ihn zugeschnittenes Angebot wünscht. Beispiel Mehrleistung bei häuslicher Krankenpflege: Eine 70-jährige alleinstehende Frau liegt nach einem Bandscheibenvorfall zu Hause flach. Sie benötigt Hilfe beim Waschen, Anziehen und anderen Dingen des täglichen Lebens. Dann ist es gut, wenn ihre Krankenkasse die Ausgaben für Grundpflege und eine hauswirtschaftliche Versorgung übernimmt. Lässt sich durch die häusliche Pflege ein Krankenhausaufenthalt verringern oder sogar vermeiden, zahlen die Kassen für diese Leistungen so wie gesetzlich vorgeschrieben für bis zu vier Wochen. Es gibt aber auch Kassen, die zeitlich unbegrenzt zahlen.

Was tun, wenn die Kasse nicht zahlt?

Da die Leistungen der Krankenkassen gesetzlich begrenzt sind, kommt es immer wieder zu Diskussionen, was und wie viel sie an Kosten übernehmen. Streit gibt es beispielsweise über die Bewilligung einer Kur, über bestimmte Therapiemethoden oder die Einstufung der Pflegebedürftigkeit. Zahlt die Kasse nicht, bleibt den Versicherten ab Eingang des ablehnenden Bescheids ein Monat Zeit, formlos per Post Widerspruch einzulegen. Möglich ist auch ein mündlicher Widerspruch in einer Geschäftsstelle der Krankenkasse. Enthielt der ablehnende Bescheid keine Rechtsbehelfsbelehrung, haben Versicherte sogar ein Jahr Zeit für den Widerspruch.

Wichtig ist, den Widerspruch zu begründen: Der Versicherte sollte genau schildern, warum die erwünschte Leistung nötig ist. Hilfe in

CHECKLISTE: Der Weg in eine andere Kasse

- **Voraussetzung.** Im Normalfall gilt die Regel, dass Sie Ihre Krankenkasse wechseln können, wenn Sie vorher mindestens 18 Monate in dieser Kasse versichert waren.
- **Zusatzbeitrag.** Sollte Ihre Krankenkasse erstmals einen Zusatzbeitrag erheben oder den vorher festgelegten Zusatzbeitrag erhöhen, haben Sie in der Regel ein Sonderkündigungsrecht. Dann können Sie die Mitgliedschaft in Ihrer Kasse zu dem Datum kündigen, zu dem der Zusatzbeitrag erstmals fällig wird. Fusioniert Ihre Kasse mit einer anderen, bringt dieser Zusammenschluss allein aber kein Sonderkündigungsrecht.
- **Ausnahme.** Ausgenommen von den Kündigungsmöglichkeiten nach mindestens 18 Monaten oder bei Fälligkeit von Zusatzbeiträgen sind alle, die sich bei ihrer Krankenkasse für einen Wahltarif mit dreijähriger Bindung entschieden haben, zum Beispiel für einen Tarif mit Selbstbehalt oder Beitragsrückzahlung. Diese drei Jahre müssen erfüllt werden, ehe ein Wechsel möglich ist.
- **Frist.** Die Kündigungsfrist für eine Krankenkasse beträgt zwei Monate zum Monatsende: Wer zum Beispiel bis zum 30. September 2010 seiner Krankenkasse gekündigt hat, kann zum 1. Dezember 2010 die Krankenkasse wechseln.
- **Kündigung.** Die Kündigung muss schriftlich erfolgen. Nach Erhalt der Kündigung muss die alte Kasse innerhalb von zwei Wochen eine Kündigungsbestätigung ausstellen. Die brauchen Sie, um bei einer anderen Kasse die Mitgliedschaft zu beantragen. Erst wenn diese die Mitgliedsbestätigung ausgestellt hat, ist der Wechsel wirksam. Klappt dies bis zum Auslaufen der Kündigungsfrist nicht, fallen Sie automatisch wieder in die alte Kasse zurück.
- **Neue Kasse finden.** Bei der Suche nach einer neuen Krankenkasse hilft gegen eine geringe Gebühr der Produktfinder Krankenkassen der Stiftung Warentest im Internet unter www.test.de/krankenkassen. Hier können Sie die Kassen anhand einzelner Leistungsmerkmale vergleichen und so die Kasse finden, die zu Ihnen passt. Erkundigen Sie sich auch bei Angehörigen und Freunden, wo sie versichert sind und ob sie mit dem Service, der Beratung und der Bearbeitung von Anträgen zufrieden sind.

solchen Situationen können die Kassenmitglieder bei Sozial- oder Wohlfahrtsverbänden bekommen oder von ihrem Arzt oder Pflegeheim. Zusätzliche Unterstützung kann mithilfe der Rechtsschutzversicherung möglich sein. Einige Rechtsschutzversicherungen zahlen auch für einen Anwalt, der beim Widerspruch hilft. Versicherte, die sich mit der Krankenkasse auseinandersetzen, sollten ihren Rechtsschutzversicherer fragen, ob er mit einspringt (siehe Seite 115).

Bleibt die Kasse nach dem Widerspruch des Versicherten beim Nein, entscheidet ein Widerspruchsausschuss. In diesem Gremium sitzen Repräsentanten der Versicherten- und der Arbeitgeberseite. Entscheidet dieser Ausschuss zugunsten des Versicherten, muss die Kasse zahlen. Entscheidet er gegen den Antrag, erhält der Versicherte einen Widerspruchsbescheid. Nach Erhalt des Bescheids haben die Versicherten in der Regel einen Monat Zeit, um vor das Sozialgericht zu ziehen und zu klagen.

Wollen die Versicherten bis zu einer endgültigen Entscheidung nicht auf ihre gewünschte Leistung wie etwa einen Rollstuhl oder ein besseres Hörgerät verzichten, können sie sich die Leistung auf eigene Kosten beschaffen. Die Rechnung sollten sie unbedingt aufbewahren, denn sonst gibt es auch nach einem Erfolg vor Gericht kein Geld von der Kasse zurück.

Status verbessern mit Zusatzversicherungen

In einigen Punkten haben Kassenpatienten auf weniger Leistungen Anspruch als Patienten, die sich für eine private Krankenvollversicherung entschieden haben. Wollen Kassenpatienten mehr Leistungen, können sie sich durch private Krankenzusatzversicherungen in eine bessere Position bringen. Aber: Will jemand erst im Ruhestand eine Police für die Chefarztbehandlung im Krankenhaus oder für eine bessere Versorgung beim Zahnarzt abschließen, bekommt er entweder gar keinen Vertrag mehr oder nur noch einen Vertrag zu einem kaum bezahlbaren Preis. Viele Versicherer ziehen zum Beispiel beim Alter von 65 Jahren eine Aufnahmegrenze. Und wenn der Kunde doch noch einen Vertrag bekommt, kann es ihm zum Beispiel bei einer Zahnzusatzversicherung passieren, dass er am Ende nicht die gewünschte Leistung erhält, denn der private Versicherer kommt nicht für Behandlungen von Erkrankungen auf, die bei Vertragsabschluss schon vorgelegen haben. Hat der Zahnarzt bereits angekündigt, dass ein Implantat notwendig wird, ist es für den Abschluss einer Zahnzusatzversicherung zu spät.

Die Preise für Zusatzpolicen hängen vom Alter und Krankheitsrisiko des Versicherten ab. Je später die Verträge geschlossen werden und je mehr Vorerkrankungen dann vorliegen, desto schwieriger ist es, den passenden Schutz zum bezahlbaren Preis zu bekommen. Will zum Beispiel eine 64-jährige Frau noch eine Police abschließen, die ihr unter anderem Erstattungen für Heilpraktikerbehandlungen, Zahnersatz und die Unterbringung im Zweibettzimmer ermöglicht, muss sie mit Beiträgen von zum Teil weit über 100 Euro im Monat rechnen.

Gut dran sind daher die Versicherten, die sich in jungen Jahren für eine Zusatzversicherung entschieden haben. Je nach Vertrag haben sie dann zum Beispiel Anspruch auf die Unterbringung im Einzelzimmer im Krankenhaus und auf Chefarztbehandlung. Oder sie erhalten Zuschüsse für eine neue Brille oder Behandlungen beim Heilpraktiker.

KOMPASS **Private Zusatzversicherungen**

Was zahlen sie? Je nach Vertrag beteiligen sich die Versicherer zum Beispiel an den Ausgaben für Zahnersatz, für eine neue Brille oder auch für den Besuch beim Heilpraktiker. Auch Policen für Krankenhausaufenthalte sind möglich.

Wer braucht sie? Zusatzversicherungen, die etwa die Ausgaben für eine Chefarztbehandlung oder eine neue Brille übernehmen, sind kein Pflichtprogramm. Sie können sich aber auszahlen, vor allem, wenn die Verträge bereits in jüngeren Jahren geschlossen wurden. Eine Krankenhaustagegeldversicherung ist nicht nötig, eine Krankentagegeldpolice für Rentner in der Regel auch nicht.

Was kosten sie? Das hängt von der Art und dem Umfang der gewählten Leistungen ab. Ältere Kunden zahlen beim Neuabschluss mehr als jüngere, Frauen zahlen mehr als Männer.

SONDERFALL AUSLANDSAUFENTHALT
Unabhängig vom Alter ist die Auslandsreise-Krankenversicherung die Zusatzpolice, auf die niemand verzichten sollte, wenn er ins Ausland reist. Auch wenn der Schutz mit dem Alter etwas teurer wird, gehört er unbedingt ins Reisegepäck (siehe Seite 136). Bei längeren Reisen oder wenn Sie Ihren Ruhestand im Ausland verbringen möchten, kann es sein, dass Sie speziellen Schutz für längere Aufenthalte benötigen (siehe Seite 163).

Privat krankenversichert: Auf Dauer gebunden

Während gesetzlich Krankenversicherte ihre Kasse wechseln können, sitzen Privatversicherte bei ihrem privaten Anbieter fest. Selbst wenn die Beiträge steigen oder sie unzufrieden sind, weil der Versicherer die eine oder andere Leistung nicht übernimmt, kommt ein Wechsel in aller Regel nicht infrage, da dieser zu hohe Zusatzkosten bedeutet. Denn die Wechsler verlieren ihre Alterungsrückstellungen zum Teil oder sogar komplett. Alterungsrückstellungen bilden die privaten Krankenversicherer, damit die Beiträge der Versicherten mit zuneh-

KOMPASS **Private Krankenversicherung**

Was zahlt sie? Sie ersetzt Kosten für medizinisch notwendige Behandlungen und Untersuchungen im vertraglich festgesetzten Rahmen. Die Leistungen können je nach Tarif weit auseinanderliegen. Kunden, die einen Standardtarif für Rentner oder den Basistarif abgeschlossen haben, erhalten Leistungen in etwa auf dem Niveau der gesetzlichen Krankenversicherung.
Wer braucht sie? Alle, die nicht gesetzlich krankenversichert sind, müssen sich privat krankenversichern.
Was kostet sie? Das richtet sich nach zahlreichen Faktoren wie dem Alter, dem Gesundheitszustand bei Vertragsschluss, dem Geschlecht, den gewählten Leistungen und dem vereinbarten Selbstbehalt. Den brancheneinheitlichen Basistarif gibt es für etwa 570 Euro im Monat

mendem Alter nicht noch mehr steigen als sie es ohnehin schon aufgrund der Ausgabensteigerungen im Gesundheitswesen tun.

Doch auch mit Alterungsrückstellungen gilt: Eine private Krankenversicherung kann sich im Rentenalter als enorme finanzielle Belastung entpuppen. Anders als in der gesetzlichen Krankenversicherung sinken die Beiträge nicht, wenn zu Rentenbeginn das Einkommen geringer wird, sondern sie steigen weiter an. Wer jetzt im Ruhestand ist, zahlt möglicherweise das Dreifache dessen, was er zum Beispiel beim Vertragsabschluss mit Mitte 30 gezahlt hat, oder sogar noch mehr. Wenn ein privat Versicherter mit einer monatlichen Rente von zum Beispiel 1 700 Euro jeden Monat vielleicht 750 oder sogar 800 Euro für seine private Krankenvollversicherung zahlen muss, wird es langsam eng. Ohne Rücklagen, die in jungen Jahren gebildet wurden, lässt sich die Belastung kaum noch stemmen. Finanziell lohnt sich die private Krankenversicherung für viele nicht – auf der Leistungsseite sind allerdings große Vorteile möglich.

Was tun, um die Beiträge zu senken?

Anfang 2010 haben die privaten Krankenversicherer ihre Beiträge wie schon in den Vorjahren zum Teil deutlich erhöht. Je nach Tarif waren Beitragssteigerungen von 30 Prozent oder sogar noch mehr keine Seltenheit. Die Möglichkeiten, in dieser Situation die Beiträge zu senken, sind für die Versicherten leider begrenzt.

Ein Anbieterwechsel kommt nicht infrage, somit geht es darum, am bisherigen Versicherungsschutz etwas zu ändern und vielleicht auf diesem Weg Beiträge zu sparen. Eine Möglichkeit kann ein Wechsel in einen gleichartigen, günstigeren Tarif sein. Eine zweite Möglichkeit wäre, die Leistungen im eigenen Versicherungstarif etwas zu reduzieren: Mehrbettzimmer statt Einzelzimmer oder Verzicht auf den Chefarzt im Krankenhaus? So lassen sich in manchen Fällen einige hundert Euro im Jahr sparen.

Bietet der eigene Tarif keine empfehlenswerten Leistungseinschränkungen mehr, kommt vielleicht noch ein Tarifwechsel infrage oder der Wechsel eines Tarifbausteins, wenn sich der Kunde bei seinem Versicherer seine Leistungen für Zahnersatz, ambulante und stationäre Behandlungen quasi wie im Baukastensystem nach den eigenen Wünschen zusammenstellen konnte. Zum Beispiel beim Zahnersatz: Der private Versicherer übernimmt in einem anderen Tarifbaustein vielleicht nicht mehr 90 Prozent der Kosten für Zahnbehandlungen, sondern nur noch 75 Prozent. Und er zahlt nur noch 60 Prozent für Zahnersatz anstatt 50 Prozent.

ANSPRÜCHE NICHT ZU WEIT SENKEN
Vorsicht: Schrauben Sie die Leistungsansprüche nicht zu weit herunter. Wenn Sie auf die gestrichenen Leistungen irgendwann einmal angewiesen sind, zahlen Sie womöglich doch noch mehr, als Sie durch Leistungseinschnitte an Beiträgen einsparen. Hinzu kommt, dass ein Zurück zu den höheren Leistungen in der Regel nicht mehr möglich ist

Selbstbehalt variieren

Zu einer empfindlichen finanziellen Belastung kann es für die Versicherten auch kommen, wenn sie, um Beiträge zu sparen, den Selbstbehalt erhöhen und sich damit bereit erklären, einen höheren Anteil ihrer Behandlungskosten aus eigener Tasche zu zahlen. Das kann zwar auf den ersten Blick eine stattliche monatliche Beitragsersparnis bringen. Doch was, wenn doch ein Krankenhausaufenthalt ansteht oder vielleicht nach einem Sturz regelmäßige Kontrolluntersuchungen beim Hausarzt notwendig sind?

Ein höherer Selbstbehalt lohnt sich nur, wenn die gesparten Beiträge höher sind als das, was der Versicherte im schlimmsten Fall beim Ausschöpfen des Selbstbehalts zahlen muss. Eine weitere Schwierigkeit ist, dass der Versicherer auch den Selbstbehalt von sich aus erhöhen kann, was zu einer enormen zusätzlichen Belastung werden kann, sollte der Versicherte mehrfach im Jahr medizinische Hilfe in Anspruch nehmen müssen.

Tarife mit weniger Leistungen

Wenn finanziell gar keine andere Möglichkeit mehr besteht, bleibt letztlich nur noch der Wechsel in den Standardtarif für Rentner oder in den neu geschaffenen Basistarif. Hier erhalten die Versicherten in etwa dieselben Leistungen wie Mitglieder der gesetzlichen Krankenversicherung. Haben Versicherte die Wahl, ist der Standardtarif für Rentner in der Regel besser als der Basistarif.

Standardtarif für Rentner: Ein Wechsel in diesen Tarif ist möglich, wenn der Versicherte bereits zehn Jahre privat versichert war und mindestens 65 Jahre alt ist. In Ausnahmefällen reicht auch das Alter von 55 Jahren für den Wechsel. Der Standardtarif bietet in etwa das, was die gesetzliche Krankenversicherung bietet. Der Leistungsunterschied im Vergleich zur privaten Krankenvollversicherung zeigt sich zum Beispiel beim Krankenhausaufenthalt: Versicherte im Standardtarif werden in der Regel nicht vom Chefarzt behandelt, sondern wie für Kassenpatienten ist auch für sie der diensthabende Arzt zuständig.

Im Vergleich zum neu geschaffenen Basistarif ist der Standardtarif meist günstiger. Der Schutz in beiden Tarifen darf nicht mehr kosten als der maximale Beitrag für die gesetzliche Krankenversicherung – derzeit knapp 570 Euro, doch häufig schöpfen die Versicherer dieses Limit im Standardtarif noch nicht voll aus. Für Ehepaare ist der Beitrag zum Standardtarif außerdem auf 150 Prozent des Höchstbeitrags zur gesetzlichen Krankenversicherung begrenzt.

Basistarif: Ein Wechsel in den Basistarif ist ab dem 55. Lebensjahr jederzeit für privat Krankenversicherte möglich. Die Leistungen dieses Tarifs, den die Versicherer brancheneinheitlich ab 2009 einführen mussten, entsprechen in Höhe, Art und Umfang denen der gesetzlichen Krankenversicherung. Die Absicherung in diesem Tarif darf wie beim Standardtarif für Rentner nicht mehr kosten als der Höchstbeitrag für die gesetzliche Krankenversicherung. Beim Basistarif schöpfen die Versicherer diese Beitragsspielräume komplett aus. Der Vorteil hier gegenüber dem Standardtarif für Rentner: Sind die Versicherten nicht mehr in der Lage, diesen Beitrag von 570 Euro zu zahlen, und weisen sie dies auch nach, müssen sie nur die Hälfte des Beitrags zahlen.

NICHT ÜBERSTÜRZT WECHSELN

Auch wenn Standard- oder Basistarif deutlich günstiger sind als Ihr bisheriger Schutz: Überlegen Sie sich vor dem Wechsel gut, ob dies die einzige Möglichkeit ist. Sie verlieren deutliche Leistungsvorteile. Andererseits: Wenn sich der Wechsel aus finanziellen Gründen nicht vermeiden lässt, bleibt Ihnen immer noch ein Schutz, der mit der gesetzlichen Krankenversicherung vergleichbar ist.

Und wenn der Versicherer nicht zahlt?

Auch als Privatpatient – egal in welchem Tarif – gibt es keine Garantie, all das an Leistungen zu bekommen, was man sich erhofft. Immer wieder gibt es Auseinandersetzungen zwischen Versicherten und Versicherer, wenn es darum geht, die Ausgaben für bestimmte Leistungen zu übernehmen: wie etwa für neuartige Behandlungsformen oder bestimmte Medikamente.

Will der Versicherer bestimmte Kosten nicht übernehmen, sollten die Versicherten sich wehren. Erster Ansprechpartner ist das Versicherungsunternehmen. Allerdings sollten die Kunden auch nicht zu viel Zeit verlieren, sondern sich frühzeitig Rat etwa bei der Verbraucherzentrale einholen. Kommt der Kunde beim Versicherer nicht weiter, bleibt ihm außerdem der Weg zum Ombudsmann für die private Kranken- und Pflegeversicherung. Rufen Versicherer oder Kunde den Ombudsmann an, besteht die Möglichkeit, den Streit außergerichtlich und damit für den Kunden kostenlos klären zu lassen. (Mehr dazu siehe Seite 36). Sind die Versicherten selbst mit der Entscheidung des Ombudsmannes nicht zufrieden, bleibt ihnen nur die Möglichkeit, vor Gericht zu ziehen.

Ohne Rechtsschutzversicherung ist das aber ein riskantes Unterfangen, da das Prozesskostenrisiko im Zivilprozess viel höher ist als beim Sozialgericht. Auch die Anwaltsgebühren sind höher. Bei der Suche nach einem Anwalt sollten sich Betroffene an jemanden wenden, der sich mit Versicherungsrecht und Medizinrecht auskennt. Bei der Bundesrechtsanwaltskammer (www.brak.de) finden die Suchenden unter „regionale Kammern" Links zu allen Rechtsanwaltskammern. Diese haben meist eine Suchfunktion nach Fachgebieten.

PFLEGEVERSICHERUNG: AUF ANDERE ANGEWIESEN

Mit Beginn des Ruhestands taucht immer häufiger der Gedanke daran auf, was passiert, falls man es einmal nicht mehr allein schafft, den Alltag zu meistern. Reicht das Geld, wenn regelmäßig ein Pflegedienst ins Haus kommen muss? Wie lassen sich die Kosten für ein Pflegeheim finanzieren? Auf wessen Hilfe kann man bauen?

Die Vorstellung, auf die Hilfe anderer angewiesen zu sein und die einfachsten Dinge nicht mehr allein schaffen zu können, erschreckt. Gern schiebt man sie weit von sich. Aus den Augen verlieren sollte dieses Risiko jedoch niemand, denn laut Statistik wird fast jeder Zweite in Deutschland irgendwann in seinem Leben pflegebedürftig. Für Frauen ist die Wahrscheinlichkeit aufgrund ihrer längeren Lebenserwartung höher, für einen langen Zeitraum pflegebedürftig zu werden.

Benötigen die Pflegebedürftigen dann Hilfe bei alltäglichen Dingen wie Duschen, Toilettengang oder beim Essen oder müssen sie sogar ihr Zuhause verlassen und in einem Heim untergebracht werden, können auf sie und ihre Angehörigen beträchtliche Kosten zukommen. Aus der gesetzlichen Rente und den übrigen regelmäßigen Einnahmen im Alter ist das häufig nicht zu stemmen.

Geld aus der Pflegeversicherung

Einen Teil der Hilfe gibt es im Fall von Pflegebedürftigkeit aus der gesetzlichen Pflegeversicherung: Wird Pflegebedürftigkeit festgestellt, zahlt die gesetzliche Pflegeversicherung oder die private Pflegepflichtversicherung, in die Arbeitgeber und Arbeitnehmer und später Rentner und Staat über Jahre hinweg einzahlen. Die Höhe der Leistungen richtet sich danach, in welchem Umfang jemand bei alltäglichen Verrichtungen auf Hilfe angewiesen ist und in welche Pflegestufe er dementsprechend eingestuft wird. Derzeit unterscheidet die Pflegekasse in drei Stufen zwischen erheblicher Pflegebedürftigkeit (Stufe I), schwerer (Stufe II) und schwerster (Stufe III) Pflegebedürftigkeit. Bei schwerster Pflegebedürftigkeit können die Pflegekassen die Betroffenen noch als besonderen Härtefall einstufen. Bei diesem dreistufigen

SO VIEL ZAHLT DIE GESETZLICHE PFLEGEVERSICHERUNG IM MONAT

Pflegestufe	Leistung 2010 (Euro)	Leistung 2012 (Euro)
Häusliche Pflege durch zugelassene professionelle Pflegedienste (Sachleistung)		
I Erhebliche Pflegebedürftigkeit	440	450
II Schwere Pflegebedürftigkeit	1 040	1 100
III Schwerste Pflegebedürftigkeit	1 510	1 550
III Härtefall	1 918	1 918
Häusliche Pflege durch Angehörige, Freunde oder andere nicht professionelle Helfer (Pflegegeld)		
I Erhebliche Pflegebedürftigkeit	225	235
II Schwere Pflegebedürftigkeit	430	440
III Schwerste Pflegebedürftigkeit	685	700
Vollstationäre Pflege im Pflegeheim		
I Erhebliche Pflegebedürftigkeit	1 023	1 023
II Schwere Pflegebedürftigkeit	1 279	1 279
III Schwerste Pflegebedürftigkeit	1 510	1 550
III Härtefall	1 825	1 918
Ergänzende Leistungen für allgemeine Betreuung, zum Beispiel für Demenzkranke		
0 – III	200	200

System muss es allerdings auf Dauer nicht bleiben, eine Expertenkommission empfiehlt größere Veränderungen (siehe Seite 75).

Entscheidend für die Höhe der Leistung ist außerdem, von wem eine Person betreut wird. Übernehmen Angehörige, Freunde und nicht professionelle Helfer die Pflege, zahlt die Pflegekasse in den Jahren 2010 und 2011 zum Beispiel in Pflegestufe I monatlich 225 Euro, in Pflegestufe III monatlich 685 Euro als Pflegegeld.

Höher sind die Zahlungen, wenn ein professioneller Pflegedienst ins Haus kommt: Hier liegen die Zahlungen zwischen 440 und im Härtefall (Stufe III) 1 918 Euro im Monat. Für die vollstationäre Pflege im Heim zahlt die Pflegekasse derzeit zwischen 1 023 und 1 825 Euro im Monat. Ab 2012 werden die Leistungen zum Teil geringfügig angehoben (siehe Tabelle oben).

Eine Lücke bleibt

Auch wenn es mit der angemessenen Einstufung in eine Pflegestufe klappt: Die Zahlungen aus der Pflegeversicherung allein reichen in der Regel nicht aus, um die tatsächlich fälligen Ausgaben eines Pflegebedürftigen zu decken. Das zeigt sich am Beispiel Pflege im Heim: Das statistische Bundesamt hat ermittelt, dass die vollstationäre Pflege in einem Heim für einen Bewohner mit Pflegestufe III im Jahr 2007 durchschnittlich 71 Euro pro Tag gekostet hat. Dazu kamen im Schnitt noch 20 Euro pro Tag für Unterkunft und Verpflegung, sodass sich aus diesen beiden Posten schon regelmäßige Ausgaben von rund 2 700 Euro monatlich ergeben haben. Die gesetzliche Pflegeversicherung zahlt Betroffenen in Stufe III derzeit allerdings nur 1 510 Euro, sodass eine Lücke von etwa 1 200 Euro im Monat aus anderen Mitteln wie den eigenen Ersparnissen oder aus einer privaten Zusatzversicherung geschlossen werden muss.

Wollen Betroffene sichergehen, dass in dem Fall nicht ihre Kinder oder andere Angehörige einspringen müssen, ist es sinnvoll, für den Ernstfall Geld zurückzulegen. Das kann über ganz normales Sparen funktionieren: Jemand zahlt regelmäßig Geld in einen Sparplan seiner Bank und erwirtschaftet sich so auf die Dauer ein ansehnliches Polster, um Pflegedienst oder Pflegeheim bezahlen zu können, falls es einmal nötig werden sollte. Oder: Die Vorsorge für den Pflegefall geschieht mithilfe einer Versicherung.

Ein Ausblick: Veränderungen im System?

Für die jetzige Form der gesetzlichen Pflegeversicherung sind Änderungen vorgesehen. Im Koalitionsvertrag der 2009 gewählten Bundes-

CHECKLISTE: Leistungen der Pflegeversicherung beantragen

Dies sind die Schritte zu Leistungen aus der gesetzlichen Pflegeversicherung oder für Privatversicherte zu Leistungen aus der privaten Pflegepflichtversicherung:

- **Antrag.** Der Versicherte stellt bei seiner Krankenkasse einen formlosen Antrag auf Leistungen aus der gesetzlichen Pflegeversicherung. Privat Versicherte wenden sich an ihre private Krankenversicherung. Der Tag, an dem der Antrag bei der Kasse eingeht, ist entscheidend für den Beginn der Leistungen. Daher sollten Sie den Antrag schriftlich stellen. Es reicht der Satz: „Ich beantrage Leistungen aus der Pflegeversicherung, weil ich pflegebedürftig bin."
- **Formular.** Die Kasse schickt dann ein Formular, das Sie ausfüllen und zurückschicken sollten. Es hat keinen Einfluss auf das Antragsdatum.
- **Gutachter.** Innerhalb weniger Wochen wird ein Gutachter des Medizinischen Dienstes der Krankenversicherung zu Ihnen kommen, um den Pflegebedürftigen einzustufen. Für Privatversicherte kommt ein Gutachter der Firma Medicproof.
  Hilfreich ist, wenn Sie einen Zeugen beim Gutachterbesuch dabei haben, etwa einen Mitarbeiter des Pflegedienstes, der bestätigen kann, wie der Alltag tatsächlich aussieht.
- **Pflegetagebuch.** Nutzen Sie die Zeit bis zum Gutachterbesuch, um ein Pflegetagebuch zu führen. Tragen Sie dort ein, welche pflegerischen Tätigkeiten anfallen und wie viel Zeit dafür notwendig ist. Es geht um die Bereiche Körperpflege (z. B. Waschen, Duschen, Zahnpflege), Ernährung (mundgerechte Zubereitung der Nahrung und Nahrungsaufnahme), Mobilität (z. B. Aufstehen, An- und Ausziehen, Treppensteigen) und Hauswirtschaft (z. B. Einkaufen, Kochen, Putzen und Wäsche waschen).
- **Einstufung.** Nach dem Besuch des Gutachters wird die Pflegekasse den Antragsteller in eine Pflegestufe einstufen oder ihm die Pflegestufe verweigern. Das Ergebnis muss die Pflegeversicherung dem Antragsteller spätestens fünf Wochen nach Antragseingang schriftlich mitteilen.
- **Widerspruch.** Sind Sie mit der Einstufung nicht einverstanden, können Sie als gesetzlich Versicherter binnen eines Monats Widerspruch einlegen. Um die Frist einzuhalten, genügt zunächst ein formloses Schreiben mit Datum, das vom Pflegebedürftigen oder dem gesetzlichen Vertreter zu unterschreiben ist. Die Begründung für den Widerspruch können Sie nachliefern. Hilfreich ist dafür die Unterstützung eines behandelnden Arztes und des Pflegedienstes. Auch die Angehörigen der privaten Pflegepflichtversicherung können ihrer Einstufung widersprechen.
- **Klage.** Wenn auch der Widerspruch nicht den gewünschten Erfolg hat, bleibt die Möglichkeit, vor Gericht zu ziehen, und so zu versuchen, noch die erhoffte Einstufung zu erreichen.

regierung heißt es, dass das derzeitige System der sozialen Pflegeversicherung auf Dauer durch eine zusätzliche private kapitalgedeckte Vorsorge ergänzt werden soll.

Weitere Änderungen können das System der drei Pflegestufen betreffen, bei dem es nicht bleiben soll. Das geht zumindest aus einem Gutachten einer noch von der vorherigen Bundesregierung beauftragten Expertenkommission hervor. Sie fordert, den Begriff der Pflegebedürftigkeit neu zu definieren, und schlägt ein neues Verfahren für die Begutachtung der Pflegebedürftigkeit mit fünf Einstufungen vor.

Bald neue Definition von Pflegebedürftigkeit?

Die Kommission kritisiert, dass der Begriff der Pflegebedürftigkeit derzeit zu sehr auf die Art und den zeitlichen Umfang der benötigten Hilfestellung ausgerichtet ist. Wesentliche Aspekte der Pflege wie zum Beispiel die Kommunikation und die Teilhabe der Pflegebedürftigen am sozialen Leben würden dabei ausgeblendet, der Bedarf an allgemeiner Betreuung, Beaufsichtigung und Anleitung werde zu wenig berücksichtigt.

Nach dem Wunsch der Experten soll künftig für die Einstufung der Pflegebedürftigkeit nicht die benötigte Pflegezeit der Maßstab sein, sondern die Frage, wie selbstständig jemand noch bestimmten Aktivitäten nachgehen und bestimmte Lebensbereiche gestalten kann. Neben den Bereichen Mobilität und Selbstversorgung sollen deshalb zum Beispiel auch die geistigen und kommunikativen Fähigkeiten in die Bewertung der Pflegebedürftigkeit eingehen. Das gilt auch für die soziale Kompetenz: Ist die begutachtete Person beispielsweise noch in der Lage, sich die Zeit sinnvoll einzuteilen und auszufüllen sowie soziale Kontakte zu pflegen?

Sollten diese Forderungen in nächster Zeit in die Tat umgesetzt werden, müssen Versicherte, die eine private Pflegetagegeldversicherung oder eine andere Zusatzpolice (siehe Seite 76) abgeschlossen haben, nicht fürchten, ihren bisherigen Leistungsanspruch zu verlieren. Die Verträge gelten weiter, und die Krankenversicherungsunternehmen werden den Kunden anbieten, die Verträge an die neue Rechtslage anzupassen.

Private Pflegezusatzversicherungen

Wer zu Beginn des Ruhestands damit beginnt, sich über die Finanzierung einer möglichen Pflege Gedanken zu machen, ist spät dran. Ein Rentner kann zwar natürlich noch in einen Sparvertrag einzahlen, aber ob die Zeit reicht, zum Beispiel in zehn oder 15 Jahren ein notwendiges Polster zu haben? Allerdings ist es immer noch besser, später mit dem Sparen anzufangen, als sich gar keine Gedanken über mögliche Pflegekosten zu machen.

Alternativ zum Sparplan der Bank kommen auch verschiedene private Pflegezusatzversicherungen infrage, um die Lücken der gesetzlichen Versicherung sinnvoll zu schließen. Aber auch hier gilt: Je älter der Versicherte bei Vertragsschluss ist, desto schwieriger wird es für ihn, überhaupt noch einen Vertrag zu bekommen und den zu einem bezahlbaren Preis.

Ein Test der Stiftung Warentest von privaten Pflegetagegeldversicherungen hat zum Beispiel gezeigt, dass eine 45-jährige Frau für einen Vertrag, der ihr bei Pflegestufe III im Pflegeheim 60 Euro Tagegeld bieten würde, rund 40 Euro im Monat zahlen müsste, während eine 65-jährige Frau genau diesen Schutz nur für mehr als 110 Euro im Monat bekommen konnte – und dies auch nur dann, falls sie vollständig gesund ist. Die meisten Versicherer, die zum Beispiel eine Pflegetagegeldversicherung im Angebot haben, beschränken das Eintrittsalter nicht. Nur bei wenigen Anbietern gilt ein Höchstalter von zum Beispiel 65 oder 70 Jahren.

Die Angebote der Versicherer

- Pflegetagegeldversicherung: Der Versicherer zahlt pro Tag einen bestimmten, bei Vertragsabschluss vereinbarten Betrag, wenn die versicherte Person pflegebedürftig wird.
- Pflegekostenversicherung: Der Versicherer erstattet die nicht durch Geld aus der gesetzlichen Pflegeversicherung abgedeckten tatsächlichen Pflegekosten. Der Leistungsempfänger kann somit nicht frei entscheiden, wofür das Geld genutzt wird.
- Pflegerentenversicherung: Der Versicherer zahlt eine monatliche Rente ab Beginn der Pflegebedürftigkeit.

Pflegetagegeldversicherung erste Wahl

Erste Wahl unter den privaten Angeboten sollte die Pflegetagegeldversicherung sein, um die Lücke des gesetzlichen Schutzes zu schließen. Neben den monatlichen Beiträgen und der zu erwartenden regelmäßigen Leistung aus einer solchen Police sollten Kunden vor Vertragsabschluss auf die folgenden Aspekte in den Versicherungsbedingungen achten:

Keine Beiträge im Leistungsfall: Kunden sollten nicht davon ausgehen, dass sie – sobald sie pflegebedürftig werden – automatisch keine Beiträge mehr für die Pflegetagegeldversicherung zahlen müssen. Das ist längst nicht immer so. Bei den meisten Tarifen zahlt der Kunde weiter Beiträge, obwohl er bereits monatliche Leistungen vom Versicherer bezieht. Rechnet man beide Werte gegeneinander auf, bleibt dem Pflegebedürftigen weniger Tagegeld übrig.

Sonderzahlungen: Möchte ein Pflegebedürftiger gern in seinem Zuhause bleiben, können besondere Ausgaben wie etwa für einen Treppenlift oder für den Umbau des Badezimmers anfallen. Hilfreich ist es dafür, wenn der Versicherer neben dem tatsächlichen Pflegegeld noch Sonderzahlungen leistet, um diese Extraposten zumindest zum Teil decken zu können.

KOMPASS Pflegetagegeldversicherung

Was zahlt sie? Bei Pflegebedürftigkeit zahlt sie für die versicherte Person ein Tagegeld. Dieses sollte bei Pflegestufe III im Pflegeheim mindestens 60 Euro betragen.

Wer braucht sie? Sie kommt für diejenigen infrage, die mithilfe einer Versicherung für den Pflegefall vorsorgen wollen. Allerdings ist der Abschluss im Rentenalter nicht mehr sonderlich attraktiv, weil er teuer ist.

Was kostet sie? Für ältere Kunden deutlich mehr als für jüngere. Wer mit 65 Jahren einen Vertrag abschließt, sollte sich darauf einstellen, mehr als 100 Euro im Monat zahlen zu müssen. Für Frauen ist der Beitrag deutlich teurer als für gleich alte Männer.

Wartezeit: Üblicherweise haben Versicherte drei Jahre nach Vertragsabschluss Anspruch auf Leistungen ihrer privaten Pflegetagegeldversicherung. Etliche Unternehmen verzichten jedoch auf diese Wartezeit oder machen zumindest eine Ausnahme, wenn der Kunde durch einen Unfall pflegebedürftig wird.

Nachweis der Pflegebedürftigkeit: Für den Versicherten ist es am unkompliziertesten, wenn sich der private Versicherer an die Pflegestufen der gesetzlichen Pflegeversicherung hält, ohne vom Versicherten weitere Nachweise zu verlangen. Auch darauf ist leider nicht bei jedem Anbieter Verlass: Ein Teil der Gesellschaften legt in ihren Bedingungen fest, dass sie die Versicherten zusätzlich durch vom Versicherer bestimmte Ärzte untersuchen lassen können, falls sie bezweifeln, dass jemand tatsächlich noch pflegebedürftig ist.

Immer richtige Angaben machen

Probleme, die erhoffte Leistung aus der privaten Versicherung zu bekommen, könnte es auch dann geben, wenn der Kunde bei Abschluss des Vertrags falsche oder unzureichende Angaben gemacht hat. Wer eine Pflegezusatzversicherung abschließt, sollte im Antrag zur Versicherung alle Fragen zum Gesundheitszustand vollständig und wahrheitsgemäß beantworten. Aufgrund möglicher Vorerkrankungen kann es zwar schwer werden, einen günstigen Vertrag zu bekommen, weil die Versicherer mit Risikozuschlägen kalkulieren. Aber das ist immer noch besser, als im Leistungsfall dann überhaupt kein Geld zu bekommen. Selbst wenn jemand nur aus Versehen falsche Angaben gemacht hat, kann es passieren, dass er den Anspruch auf Leistungen des Versicherers zumindest zum Teil verliert. Es lohnt sich daher, sich genügend Zeit für das Ausfüllen des Antrags zu nehmen und gegebenenfalls Rücksprache mit dem Arzt zu halten.

Pflegekostenversicherung mit Nachteilen

Eine Pflegekostenversicherung ist zwar in der Regel etwas günstiger als die Tagegeldversicherung, doch die meisten Angebote der Pflegekostenversicherung haben einen erheblichen Nachteil: Der Pflegebedürftige kann nicht frei über das Geld, das der Versicherer ihm zahlt,

verfügen. Die Versicherungsgesellschaften ersetzen nur nachgewiesene Pflegekosten. Solche Pflegekostenpolicen, deren Abschluss häufig nur bis zum 65. Lebensjahr, manchmal bis zum 70. Lebensjahr möglich ist, gibt es in zwei Varianten: Einmal besteht die Möglichkeit, mit einer solchen Police die Leistung der gesetzlichen Versicherung um einen bestimmten Prozentsatz aufzustocken, der bei Vertragsabschluss festgelegt wird. Dieser Satz sollte so hoch sein, dass die Police zusammen mit dem Geld aus der gesetzlichen Pflegeversicherung die Pflegekosten oder wenigstens den größten Teil davon deckt. In der zweiten Vertragsvariante finanziert der Versicherer die restlichen Ausgaben, die nach Leistung der Pflegekasse übrig bleiben, bis zu einer monatlichen oder jährlichen Obergrenze.

Pflegerentenversicherung auch noch später abschließen

Kunden mit einer Pflegerentenversicherung können wie bei einer Pflegetagegeldversicherung frei über das Geld verfügen, das der Versicherer ihnen zahlt. Pflegerentenversicherungen werden von Lebensversicherern angeboten und können eine Alternative sein für ältere Menschen, die wegen Vorerkrankungen keine Tagegeldversicherung mehr bekommen. Bei der Pflegerentenversicherung zahlt der Kunde Beiträge in den Vertrag ein, um daraus dann eine lebenslange Rente beziehen zu können. Die Höhe der Beiträge ist während der Einzahlung in der Regel stabil. Entweder wird regelmäßig über einen längeren Zeitraum eingezahlt, oder – was bei manchen Versicherern möglich ist – der Kunde zahlt nur einmalig einen größeren Betrag ein.

Der Vorteil dieser Versicherung im Vergleich zum Beispiel zu einer Pflegekostenversicherung: Auch ältere Menschen können einen solchen Vertrag oft noch abschließen, je nach Versicherer kann der Ab-

MIT VERSICHERUNG FÜR DEN PFLEGEFALL VORSORGEN			
Versicherung	**Pflegetagegeld-versicherung**	**Pflegekosten-versicherung**	**Pflegerenten-versicherung**
Leistung des Versicherers	Er zahlt ein vorab vereinbartes Tagegeld ab Beginn der Pflegebedürftigkeit.	Er erstattet die tatsächlichen Pflegekosten, die nicht durch die gesetzliche Pflichtversicherung gedeckt sind.	Er zahlt eine monatliche Rente ab Beginn der Pflegebedürftigkeit.
Beiträge	**Höhe:** Je jünger der Versicherte bei Vertragsabschluss ist, desto günstiger ist der Schutz. Auch nach Vertragsabschluss können die Beiträge mit zunehmendem Alter noch steigen. **Zahlungsweise:** Nur laufende Beitragszahlungen sind möglich, keine Einmalbeiträge. **Im Pflegefall:** Die Beiträge müssen meist auch nach Eintritt des Pflegefalls weiterbezahlt werden.	**Höhe:** Für jüngere Versicherte zu Beginn relativ niedrige Beiträge, doch mit zunehmendem Alter steigen die Beiträge – auch nach Vertragsschluss. **Zahlungsweise:** Nur laufende Beitragszahlungen sind möglich, keine Einmalbeiträge. **Im Pflegefall:** Die Beiträge müssen meist auch nach Eintritt des Pflegefalls weiterbezahlt werden.	**Höhe:** Je jünger der Versicherte bei Vertragsabschluss ist, desto günstiger ist der Schutz. Ist die Versicherung einmal abgeschlossen, steigen die Beiträge in der Regel nicht mehr. **Zahlungsweise:** Möglich sind laufende Beitragszahlung oder Einmalbeiträge. **Im Pflegefall:** Die Beiträge müssen meist nur bis zum Eintritt des Pflegefalls bezahlt werden.
Eintrittsalter	Abschluss zum Teil nur bis zum 65. oder 70. Lebensjahr möglich.	Abschluss meist nur bis zum 65. Lebensjahr möglich, maximal bis zum 70. Lebensjahr.	Vertragsabschluss je nach Versicherer bis zum 80. Lebensjahr möglich.

schluss zum Beispiel noch mit 75 Jahren möglich sein. Aber auch hier gilt: Liegen schwere Vorerkrankungen vor, dürfte der Schutz für viele kaum zu akzeptablen Bedingungen erhältlich sein, denn in der Regel müssen die Kunden ausführliche Gesundheitsfragen beantworten. Haben sie Vorerkrankungen, sind Risikozuschläge zum Beitrag möglich.

Ein weiterer Vorteil: Es ist möglich, den Vertrag bei einem finanziellen Engpass beitragsfrei zu stellen, ohne dadurch die bereits gezahlten Beiträge zu verlieren. Die Pflegerente fällt dann zwar niedriger aus, doch anders als bei der Pflegetagegeldversicherung ist das eingezahlte Geld nicht futsch, wenn man nicht weiter einzahlt. Ein Nachteil der Pflegerentenversicherung ist hingegen, dass mit dem Vertragsabschluss wie bei einer privaten Rentenversicherung häufig hohe Abschluss- und Verwaltungskosten verbunden sind (siehe Seite 148).

Werden Versicherte pflegebedürftig, erhalten sie eine fest vereinbarte Monatsrente. Einige Angebote sind in Form einer klassischen privaten Rentenversicherung gestaltet, das heißt, die Kunden erhalten eine monatliche Rente, sobald sie ein bestimmtes Alter erreicht haben. Werden sie zusätzlich pflegebedürftig, steigt der ausgezahlte Betrag. Die Versicherten bekommen Geld aus der Pflegerentenversicherung bis ans Lebensende, vorausgesetzt, sie bleiben so lange pflegebedürftig. Sind sie lediglich vorübergehend pflegebedürftig, zahlt die Versicherung nur für diese Zeit. Wer sich für einen solchen Vertrag entscheidet, sollte auf bestimmte Extras im Kleingedruckten achten:

- **Wie wird der Pflegefall definiert?** Für den Versicherten ist es gut, wenn der Anbieter die Einstufung aus der gesetzlichen Pflegeversicherung übernimmt. Müssen die Kunden hingegen höhere Hürden überwinden, um Geld aus der Police zu bekommen, oder weitere Untersuchungen über sich ergehen lassen, sind sie im Nachteil.
- **Gilt der Schutz für alle Pflegestufen und auch für die Pflege zuhause?** Achten Sie darauf, ob der Versicherer auch unter diesen Voraussetzungen zahlt. Je nach Tarif kann es sein, dass der Versicherte nur Geld bekommt, wenn er in Pflegestufe III eingestuft ist oder im Heim gepflegt wird.
- **Wie hoch ist die garantierte Leistung?** Ähnlich wie bei der klassischen privaten Rentenversicherung gibt es eine garantierte Leistung,

und es gibt Überschussbeteiligungen, die über diesen garantierten Schutz hinausgehen. Verlassen Sie sich bei Ihrer weiteren Planung nur auf die garantierten Leistungen.

PLÖTZLICH VERLETZT: SCHUTZ DURCH DIE UNFALLVERSICHERUNG

Es geht so schnell: Mal eben zu Fuß zur Post und auf nasser Straße ausgerutscht. Kurz etwas aus dem Keller holen und die letzte Treppenstufe übersehen. Noch über die Straße laufen, auch wenn die Ampel gerade schon auf Rot umgesprungen ist und dabei übersehen, dass ein Radfahrer um die Ecke biegt: Rund 9 Millionen Menschen werden nach Angaben des Gesamtverbandes der Deutschen Versicherungswirtschaft jedes Jahr Opfer von Unfällen, eine Million davon verletzen sich so schwer, dass sie im Krankenhaus behandelt werden müssen.

Ist ein Verletzter durch einen solchen Unfall vorübergehend auf Hilfe angewiesen oder trägt er dauerhafte Beeinträchtigungen davon, kann eine private Unfallversicherung sehr wertvoll für ihn sein. Je nach Vertragsgestaltung und dem Ausmaß der Schädigung zahlt der Versicherer eine größere Summe, wenn der Verunglückte durch einen Unfall zum Beispiel sein Bein oder seinen Arm nicht mehr voll nutzen kann. Vor allem für Senioren gibt es neben solchen klassischen privaten Unfallversicherungen auch spezielle, auf ihre Situation zugeschnittene Produkte: Verletzen sie sich durch einen Unfall und sind sie danach zu Hause auf Hilfe bei alltäglichen Dingen wie Körperpflege, Einkaufen oder Putzen angewiesen, kann sich eine Senioren-Unfallpolice auszahlen, die ihnen sogenannte Assistance-Leistungen bietet und beispielsweise Ausgaben für eine Haushaltshilfe übernimmt.

Allerdings gilt sowohl bei den klassischen Verträgen als auch bei diesen speziellen Policen für ältere Leute: Unbedingt ins Kleingedruckte der Verträge gucken, denn sonst steht der Versicherte im schlimmsten Fall ohne jegliche Leistung oder mit deutlich weniger Leistung da als erhofft.

Die normale private Unfallversicherung

Policen für eine klassische private Unfallversicherung schließen viele Versicherte schon während des Erwerbslebens ab. Diese Verträge können sie auch nach Eintritt in den Ruhestand behalten. Bei vielen Versicherern ist es auch möglich, noch mit 65 oder etwas später eine neue Versicherungspolice abzuschließen, allerdings wird der Schutz bei späterem Abschluss meist teurer. Eine solche Police ist sinnvoll für diejenigen, die sich zu Hause und in der Freizeit vor den Folgen eines Unfalls schützen wollen. Aber: Sie zahlt nicht bei den sehr viel häufigeren Fällen einer krankheitsbedingten Invalidität.

Große Summe bei Invalidität

Die Versicherung zahlt einen größeren Geldbetrag, wenn der Versicherte nach einem Unfall dauerhafte gesundheitliche Beeinträchtigungen erleidet – invalide wird. Dauerhaft heißt in der Regel „für mindestens drei Jahre". Je nachdem wie hoch der Invaliditätsgrad ist, zahlen die Versicherer einen bestimmten Anteil der Versicherungssumme. Den Invaliditätsgrad legen die Versicherer nach einer Liste der Körperteile (Gliedertaxe) fest. Nach den Musterbedingungen des Gesamtverbandes der Deutschen Versicherungswirtschaft (GDV) entspricht zum

KOMPASS **Private Unfallversicherung**

Was zahlt sie? Einen größeren Geldbetrag, wenn der Versicherte infolge eines Unfalls eine dauerhafte körperliche Beeinträchtigung davonträgt.

Wer braucht sie? Auch im Rentenalter ist sie sinnvoll, wenn Sie sich vor den dauerhaften Folgen eines Unfalls zuhause oder in der Freizeit schützen wollen.

Was kostet sie? Der Preis richtet sich unter anderem nach der Höhe der Versicherungssumme. Sehr gute Policen gibt es ab etwa 100 bis 150 Euro im Jahr bei einer Versicherungssumme von 100 000 Euro, wobei ältere Kunden beim Neuabschluss eventuell mit höheren Ausgaben rechnen müssen.

Die Gliedertaxe – Jedes Körperteil hat seinen Wert

Die Gliedertaxe legt fest, wie hoch die Invalidität zum Beispiel beim Verlust einer Hand ist.

Bei Verlust oder vollständiger Funktionsunfähigkeit gelten folgende Invaliditätsgrade

Auge	50
Gehör auf einem Ohr	30
Geruchssinn	10
Geschmackssinn	5
Arm	70
Arm bis oberhalb des Ellenbogengelenks	65
Arm unterhalb des Ellenbogengelenks	60
Hand	55
Daumen	20
Zeigefinger	10
Anderer Finger	5
Bein über der Mitte des Oberschenkels	70
Bein bis zur Mitte des Oberschenkels	60
Bein bis unterhalb des Knies	50
Bein bis zur Mitte des Unterschenkels	45
Fuß	40
Große Zehe	5
Andere Zehe	2

Quelle: Musterbedingungen des GDV

Angaben in Prozent

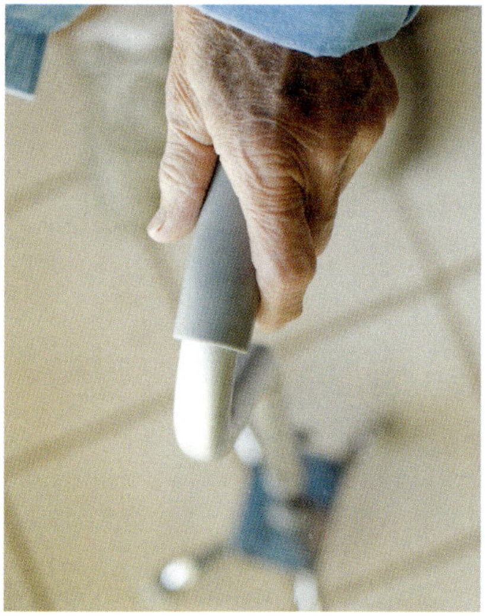

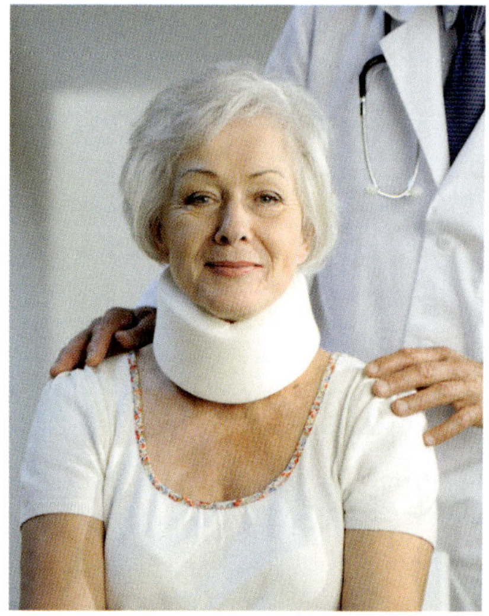

Beispiel der Verlust der Funktionsfähigkeit eines Daumens einer Invalidität von 20 Prozent, der Verlust des Gehörs auf einem Ohr einer Invalidität von 30 Prozent (siehe Grafik links). Gute Versicherer zahlen mehr, als in den Musterbedingungen empfohlen ist.

Ermittelt der Versicherer eine Invalidität von 20 Prozent, könnte der Versicherte also bei einer Versicherungssumme von 100 000 Euro 20 000 Euro ausgezahlt bekommen. Bei 100 000 Euro sollte die Versicherungssumme mindestens liegen. Die Versicherten können aber noch deutlich mehr bekommen, wenn sie sich für einen Tarif mit Progression entscheiden. Hat der Vertrag zum Beispiel eine Progression von 350 Prozent, würde der Versicherte bei einer Vollinvalidität von 100 Prozent – etwa durch Querschnittslähmung – 350 000 Euro erhalten. Eine solche Summe kann eine immense Hilfe sein, wenn beispielsweise das Haus behindertengerecht umgebaut und ein neues, rollstuhlgeeignetes Fahrzeug angeschafft werden muss.

Neben dieser großen Summe kann der Versicherte mit einer klassischen Unfallpolice auch noch ein Krankentagegeld und ein Krankenhaustagegeld bekommen. Die Aussicht auf diese Leistungen sollte aber nicht das Kriterium für die Wahl einer Unfallversicherung sein, entscheidend ist die große Summe im Ernstfall.

Es muss ein Unfall sein

Ausschlaggebend dafür, dass die private Unfallversicherung zahlt, ist, dass tatsächlich ein Unfall zur Beeinträchtigung geführt hat. Als Unfall gilt „ein plötzlich von außen auf den Körper einwirkendes Ereignis". Das kann zum Beispiel ein Treppensturz oder ein Ausrutscher mit dem Fahrrad sein. Die Folgen eines Bandscheibenvorfalls oder eines Herzinfarkts fallen hingegen in der Regel nicht unter den Schutz.

Und selbst wenn dem ersten Anschein nach alles für einen versicherten Unfall spricht, kann das böse Erwachen noch kommen: Angenommen, eine Frau stürzt auf dem Weg in den Keller und verdreht sich so schwer das Knie, dass sie auf Dauer ihr Bein nicht mehr bewegen kann. Auf den ersten Blick scheint alles klar: Der Ausrutscher war ein Unfall, die Folgen sind versichert. Doch: Was, wenn die Frau auf dem Weg in den Keller aufgrund von Kreislaufproblemen plötzlich ohnmächtig geworden ist und deshalb gestürzt ist?

Dann geht sie in der Regel leer aus: Der Versicherer würde von einer Bewusstseinsstörung als Ursache ausgehen. Und bei solchen Bewusstseinsstörungen gilt der Versicherungsschutz meistens nicht. Ausgeschlossen sind zum Beispiel Bewusstseinsstörungen, die durch einen epileptischen Anfall oder auch durch Alkohol- oder Medikamentenmissbrauch ausgelöst werden. Bessere Unfalltarife schließen immerhin weniger Fälle aus als andere: Einige Versicherer zahlen zum Beispiel für Unfallfolgen nach einem Schlaganfall oder auch bei begrenztem Alkoholkonsum (zum Beispiel maximal 1,0 Promille).

Senioren-Unfallversicherung: Schnelle Hilfe für Verletzte

Die Problematik, dass Bewusstseinsstörungen ausgeschlossen sind, gilt sowohl für die klassische private Unfallversicherung als auch für die speziellen Senioren-Varianten. Die möglichen Schwierigkeiten, die es deshalb im Leistungsfall geben kann, sollten Kunden im Hinterkopf behalten, wenn sie sich überlegen, ob sie eine Senioren-Unfallversicherung abschließen.

Der große Unterschied einer solchen Police zur „normalen" Unfallversicherung: Der Versicherer vermittelt diverse Hilfeleistungen – sogenannte „Assistance-Leistungen", die nach einem Unfall das Leben der Verletzten erleichtern sollen und können.

Ein Verkaufsargument der Versicherer für diese Policen: Nach einem Unfall ist jemand da, der dem Verunglückten zur Seite steht. Möglich sind Hilfe im Haushalt etwa beim Waschen und Putzen, ein Essensdienst oder auch pflegerische Unterstützung. Diese Leistungen können entscheidend sein, um auch nach einem Unfall in den eigenen vier Wänden bleiben zu können.

Allein ohne Familie?

Besonders für diejenigen, die keine Angehörigen in der Nähe haben, können diese Assistance-Leistungen wertvoll sein, wenn sie sich beispielsweise ein Bein gebrochen haben und allein nicht viel ausrichten können. Geld aus der gesetzlichen Pflegeversicherung oder auch aus einer privaten Zusatzversicherung würden sie erst bekommen, wenn tatsächlich eine Pflegestufe und eine dauerhafte Pflegebedürftigkeit festgestellt wird. Auch die gesetzliche Krankenkasse bietet für einen kurzfristigen Notfall nicht unbedingt lückenlose Hilfe: Die Kassen übernehmen zwar im Rahmen der häuslichen Krankenpflege auch Kosten für eine hauswirtschaftliche Hilfe – aber unter der Voraussetzung, dass dadurch ein Krankenhausaufenthalt vermieden oder verkürzt werden kann. Viele Verletzungen, wie etwa ein gebrochener Unterarm, werden aber gar nicht mehr im Krankenhaus stationär behandelt. Daher würde die Krankenkasse in dem Fall nicht einspringen.

Ein Test von Unfallpolicen speziell für Senioren hat gezeigt, dass es sinnvolle Angebote, die in erster Linie Hilfeleistungen nach einem Unfall gewähren, für unter 100 Euro im Jahr gibt. Wer sich jedoch zu-

KOMPASS **Senioren-Unfallversicherung**

Was zahlt sie? Je nach Vertrag zahlt der Versicherer für bestimmte Hilfeleistungen, die nach einem Unfall notwendig werden, zum Beispiel Ausgaben für Hilfe im Haushalt oder bei der täglichen Körperpflege. Anders als in der Pflegezusatzversicherung spielt es keine Rolle, ob der Versicherte in eine Pflegestufe eingestuft wird. Bei dauerhafter Beeinträchtigung ist je nach Vertrag eine zusätzliche Rente oder einmalige Zahlung möglich.
Wer braucht sie? Sie kann für diejenigen wichtig und hilfreich sein, die keine Angehörigen in der Nähe haben, die sich nach einem Unfall um sie kümmern können.
Was kostet sie? Wer sich nur für die Hilfeleistungen interessiert, findet Angebote für unter 100 Euro im Jahr. Wollen Versicherte dazu eine größere Geldleistung bei Invalidität, steigt der Preis.

sätzlich zu den Hilfeleistungen im Haushalt oder bei der Pflege noch eine größere Geldsumme wünscht, muss mehr für die Versicherungspolice bezahlen. Hier können je nach vereinbarter Invaliditätssumme einige Hundert Euro im Jahr an Beiträgen zusammenkommen. Bei manchem Versicherer ist es nicht möglich, die Geldleistung gemeinsam mit den Hilfeleistungen in einem Vertrag abzuschließen, sondern es sind zwei separate Policen notwendig.

Auf Mindestschutz achten

Wie in der klassischen privaten Unfallversicherung gilt auch für die speziellen Senioren-Policen die Vorgabe, dass tatsächlich ein Unfall vorliegen muss, damit der private Versicherer für die Folgen aufkommt. Nur wenige Versicherer zahlen auch für Hilfeleistungen, die nach einem Herzinfarkt oder nach einem Schlaganfall notwendig sind. Oder aber, wenn ein Oberschenkelhalsbruch durch Osteoporose und nicht durch einen Unfall aufgetreten ist.

INFO Schutz nicht für immer

Eine Senioren-Unfallversicherung wird meist als Einjahres- oder Dreijahresvertrag abgeschlossen. Nach Ablauf dieser Zeit verlängert sich der Vertrag meist automatisch um ein Jahr, wenn der Kunde nicht vorher kündigt, oder wenn das Unternehmen nicht kündigt. Denn das kann auch passieren: Der Versicherer könnte einem Kunden vorsorglich kündigen, wenn er befürchtet, dass er wegen seines höheren Alters künftig mehr Unfälle hat. Auch nach einem Schadensfall dürfen sowohl der Kunde als auch der Versicherer aus dem Vertrag aussteigen.
Hinzu kommt, dass manche Versicherer zusätzlich ein Höchstversicherungsalter von 85 Jahren ansetzen, sodass ab diesem Zeitpunkt der Versicherungsschutz automatisch endet. Das gilt insbesondere für normale Unfallversicherungen, die auch junge Leute abschließen. Bei diesen Verträgen ist ein Höchstversicherungsalter üblich.

Aufgrund dieser Einschränkungen lohnt es sich, vor Vertragsabschluss die Versicherungsbedingungen möglichst genau zu prüfen, um sicherzugehen, dass beispielsweise bestimmte Krankheiten als Zusatzleistung mit abgesichert sind. Doch auch der Blick auf die übrigen Vertragsbesonderheiten ist zu empfehlen, denn so manche Senioren-Unfallversicherung hat ihre Tücken, die den Kunden im Ernstfall die erhoffte Leistung kosten können.

- Steht zum Beispiel tatsächlich in den Vertragsbedingungen, dass der Versicherer alle Hilfeleistungen wie Einkaufen oder Putzen selbst gewährt und bezahlt?
- Oder steht in den Bedingungen, dass der Versicherer die Leistungen lediglich vermittelt? Das würde bedeuten, dass der Versicherte die Kosten dann aus eigener Tasche zahlen müsste.
- Oder: Wie lange übernimmt der Versicherer die Kosten für die Hilfeleistungen? Mindestens sechs Monate sollten in den Bedingungen garantiert sein.
- Bei Einschränkungen, dass sämtliche Leistungen oder zumindest pflegerische Dienste auf einige Wochen beschränkt sind, sollten Kunden noch einmal überlegen, ob sie den Vertrag abschließen wollen.
- Zum weiteren Knackpunkt könnte die Begleitung zu Arzt-, Therapie- und Behördengängen werden: Kündigt der Versicherer in den Bedingungen an, dass eine Begleitperson mitkommen wird, oder ist nur von einem reinen Fahrdienst die Rede?
- Kommt der Putzservice für die Wohnung mindestens einmal in der Woche oder womöglich nur alle zwei Wochen?
- Zahlt der Versicherer sämtliche Ausgaben, die für einen häuslichen Notruf-Dienst anfallen, oder zahlt er nur für die Installation, sodass der Kunde alle weiteren Kosten übernehmen muss?

Wer sich vorher durch das Kleingedruckte kämpft, erspart sich den Ärger hinterher, wenn zu den körperlichen Schwächen nicht auch noch die Enttäuschung über fehlende Versicherungsleistungen die Genesung erschwert. Einen Überblick zu den Leistungen von Senioren-Unfallversicherungen finden Sie in Finanztest 3/2009, Seite 66. Die Testergebnisse können Sie auch unter www.test.de einsehen.

VERSICHERUNGEN, DIE IM RUHESTAND AN BEDEUTUNG VERLIEREN

Während Kranken- und Unfallversicherungsschutz im Alter wichtig bleiben oder sogar wichtiger werden als früher, gibt es Policen, die mit Rentenbeginn keine Rolle mehr spielen.

Berufsunfähigkeitsversicherung nach Bedarf kündigen

Ruheständler benötigen den Schutz für den Fall der Berufsunfähigkeit nicht mehr. Die Verträge für eine private Berufsunfähigkeitsversicherung laufen in der Regel maximal bis zum 65. oder 67. Lebensjahr, wenige auch länger. War die Berufsunfähigkeitsversicherung zum Beispiel mit einer Risikolebensversicherung kombiniert, endet der Berufsunfähigkeitsschutz spätestens mit Ablauf der Risikolebensversicherung, meist zum 65. oder 67. Lebensjahr.

Geht jemand vorher in Rente, kann er seine Versicherung vor Ablauf der eigentlichen Versicherungszeit zum Rentenbeginn kündigen. Die Kündigung ist zum Ende des Versicherungsjahres, bei Ratenzahlung auch zum Ende jedes Zahlungsabschnitts möglich, frühestens zum Ende des ersten Versicherungsjahres.

Ist die Berufsunfähigkeitsversicherung an eine andere Versicherung – etwa an eine Risikolebensversicherung – gekoppelt, ist sie an diesen Hauptvertrag gebunden. Sie endet automatisch mit dieser Hauptversicherung und kann nur zusammen mit ihr beitragsfrei gestellt werden. Eine separate Kündigung der Berufsunfähigkeitsversicherung ist zwar grundsätzlich möglich, in der Regel aber nicht mehr in den letzten fünf Jahren vor Vertragsablauf. So wird zum Beispiel für einen 63-Jährigen, der eine Berufsunfähigkeitszusatzversicherung als Ergänzung zur Risikolebensversicherung abgeschlossen hat und vorzeitig aus dem Berufsunfähigkeitsschutz aussteigen will, die Kündigung nur möglich sein, wenn er gleichzeitig auch auf die Risikolebensversicherung verzichtet.

Mit der Berufsunfähigkeitsversicherung fällt auch ein großer finanzieller Posten weg, der die regelmäßigen Ausgaben eines Haushalts belastet.

Risikolebensversicherung nach persönlicher Lebenslage

Wollen Versicherte eine separate Risikolebensversicherung abschließen, können sie auch individuell festlegen, wie lange sie laufen soll. Grundsätzlich gilt, dass der Schutz einer Risikolebensversicherung so lange notwendig und sinnvoll ist, wie zum Beispiel Kinder noch in der Ausbildung sind oder Kredite für eine Immobilie abzuzahlen sind. Je älter Versicherte bei Vertragsabschluss sind, desto teurer wird der Schutz. Viele Versicherer ziehen eine Höchstgrenze, sodass der Schutz maximal bis zu einem Alter von zum Beispiel 70 oder 75 Jahren besteht. Einige wenige Anbieter ermöglichen aber auch einen Versicherungsschutz bis zum 85. oder gar 100. Geburtstag. Einen Überblick finden Interessenten unter www.test.de in der jüngsten Untersuchung von Risikolebensversicherungen (siehe auch Finanztest 4/2010).

Neben dem Alter ist für den Preis der Police auch der Gesundheitszustand des Interessenten entscheidend. Vorerkrankungen führen dazu, dass der Versicherte mehr für den Schutz bezahlen muss. Raucher zahlen meist mehr als Nichtraucher.

WOHNEN UND LEBEN

Der passende Schutz bietet Sicherheit, damit das Leben für Hausbesitzer und Mieter trotz Wetterkapriolen, Kriminalität und Streit entspannt bleibt. Auf eine Wohngebäudeversicherung sollten Hauseigentümer nicht verzichten. Auch eine Hausrat- und eine Rechtsschutzversicherung kann sich für viele lohnen. Beim Abschluss sollten Sie ein paar Dinge beachten, damit der Versicherer im Ernstfall zahlt.

SICHERES DACH ÜBER DEM KOPF: WOHNGEBÄUDEVERSICHERUNG

Kyrill, Xynthia oder Daisy – egal welche Sturmtiefs in den vergangenen Jahren über Deutschland hinweggezogen sind, für Hausbesitzer bedeuteten sie immer eine besondere Gefahr. Bäume knickten um und zerstörten Dächer, Dachpfannen fielen herunter, Balkongeländer und Markisen verselbstständigten sich.

Um für ein solches Sturmtief gewappnet zu sein, ist Hausbesitzern eine Wohngebäudeversicherung unbedingt zu empfehlen. Mit ihr können sie sichergehen, dass sie Schäden durch Sturm und Hagel nicht aus eigener Tasche zahlen müssen. Allerdings zahlt der Versicherer erst für Schäden, wenn mindestens Windstärke 8 gemessen wurde, also ab einer Windgeschwindigkeit von 62 Kilometern pro Stunde.

WETTERDIENST BEFRAGEN
Sie können selbst prüfen, ob Sie aufgrund der Windstärke Anspruch auf Leistungen des Wohngebäudeversicherers haben. Wenden Sie sich an den Deutschen Wetterdienst telefonisch unter 0 69/80 62 29 12 oder per Mail unter klima.offenbach@dwd.de.

KOMPASS **Wohngebäudeversicherung**

Was zahlt sie? Je nach Vertrag kommt der Versicherer für die finanziellen Folgen von Schäden durch Feuer, Leitungswasser, Sturm oder Hagel auf.
Wer braucht sie? Hauseigentümer sollten den Schutz unbedingt abschließen. Besitzer von Eigentumswohnungen schließen mit den übrigen Eigentümern Versicherungsschutz ab.
Was kostet sie? Mit Beiträgen von einigen Hundert Euro im Jahr müssen Hausbesitzer rechnen. Ein genereller Wert lässt sich aber nicht angeben. Entscheidend sind unter anderem der Wert der Immobilie und der Wohnort.

Dreifachschutz für das Haus möglich

Schwere Stürme auch in Kombination mit Hagel sind das eine große Risiko für Immobilienbesitzer. Das zweite Risiko, das die Eigentümer in den finanziellen Ruin führen kann, ist ein Feuer. Deshalb ist eine Feuerversicherung für das Haus unerlässlich. Wird durch den Brand die gesamte Immobilie oder auch nur ein Teil davon zerstört, verlieren die Besitzer nicht nur, was zu ihrem bisherigen Leben gehörte, sondern auch einen ganz wichtigen Teil ihrer Altersvorsorge. Gäbe es nach einem Brand keinen Ersatz, könnte die Belastung ohne Versicherung zu einer kaum zu bewältigenden finanziellen Herausforderung werden.

Das dritte Risiko, gegen das sich Immobilienbesitzer absichern können, sind Leitungswasserschäden. Gerade wenn ein Haus schon älter ist und damit auch das Leitungssystem die besten Jahre bereits hinter sich hat, kann eine solche Versicherung wertvoll werden. Platzt ein Rohr, ist es schnell passiert, dass die Wände durchnässen und dauerhafte Schäden auftreten. Gut dran sind diejenigen, die den Schaden zeitnah bemerken und den Haupthahn abdrehen können. Doch vielleicht bleibt der Schaden über Tage oder Wochen unentdeckt. Dann kann sich das Wasser aus den Leitungen ungestört ausbreiten und Teile der Immobilie stark beschädigen.

Einzeln oder Komplettpaket?

Den Schutz gegen Sturm-, Feuer- und Leitungswasserschäden können Hausbesitzer in einer gemeinsamen („verbundenen") Wohngebäudeversicherung abschließen. Möglich ist auch, sich nur für einzelne Leistungen zu entscheiden.

Auf den Schutz der Feuerversicherung sollte niemand verzichten. Auch die Sturmversicherung sollte in der Regel jeder haben. Der Schutz vor Leitungswasserschäden kann je nach Zustand des Hauses verzichtbar sein, doch wer auf Nummer Sicher gehen will, ist mit dem Komplettpaket gut bedient.

Garage mit angeben

Der Schutz der Wohngebäudeversicherung gilt für das in der Police genannte Haus. Wenn zum Beispiel ein Gartenhaus, eine Garage oder eine alte Scheune, die auf dem Grundstück stehen, mitversichert werden sollen, muss dies ausdrücklich in der Police erwähnt werden, sonst gilt der Schutz nicht für diese Nebengebäude.

Innerhalb des Hauses schließt die Wohngebäudeversicherung alle fest mit dem Gebäude verbundenen Gegenstände wie etwa fest verklebte Teppichböden oder Parkett ein. Ausgenommen sind aber zum Beispiel Einbauküchen, die über die Hausratversicherung (siehe Seite 103) geschützt sind.

INFO **Überschwemmung außen vor**

Wollen sich Hausbesitzer vor Schäden durch Überschwemmung schützen, reicht die Wohngebäudeversicherung in der Regel nicht aus. Sie benötigen zusätzlichen Elementarschadenschutz. Diesen können sie als Ergänzung zur Wohngebäudeversicherung abschließen. Mehr ab Seite 100.
Wenn Sie jedoch in Ostdeutschland leben und aus DDR-Zeiten noch eine Wohngebäudeversicherung haben, sind mit dieser Police auch Überschwemmungsschäden versichert.

AUF DEN NEUESTEN STAND BRINGEN
Sie haben Ihr Haus vor 25 oder 30 Jahren gebaut und damals Ihre derzeitige Wohngebäudeversicherung abgeschlossen? Dann ist es Zeit, den Vertrag auf den neuesten Stand zu bringen und zum Beispiel zu prüfen, ob alle auf dem Grundstück befindlichen Nebengebäude mitversichert sind.

Versicherungssumme passt sich dem Wert der Immobilie an

Um zu verhindern, dass das Haus zu niedrig versichert wird, empfiehlt es sich, den Versicherer ins Boot zu holen, um den aktuellen Wert der Immobilie zu bestimmen. Denn wenn die Unternehmen mithilfe der Angaben der Hausbesitzer den Wert selbst berechnen, garantieren sie, im Schadensfall in voller Höhe zu zahlen. Die Wohngebäudeversicherung ist eine gleitende Neuwertversicherung. Es gibt keine feste Leistungsobergrenze, sondern die Summe, die der Versicherer im Schadensfall zahlt, wird ständig an den aktuellen Wert der Immobilie angepasst. So ist sichergestellt, dass der Hausbesitzer bei einem Totalschaden so viel Geld aus der Versicherung erhält, dass er sein Haus am gleichen Standort zu den aktuellen Preisen wieder aufbauen kann.

Deutliche Preisunterschiede

Die Preise, die die Versicherer für diesen Schutz verlangen, lagen in den vergangenen Jahren zum Teil weit auseinander. Untersuchungen der Stiftung Warentest haben gezeigt, dass Kunden für ein und dasselbe Haus bei manchem Versicherer durchaus 200 bis 300 Euro pro Jahr mehr zahlen müssen als bei einem anderen Anbieter. (Die Untersuchungen finden Interessenten unter www.test.de).

Wenn die Versicherungsunternehmen die Beitragshöhe ermitteln, gehen sie unterschiedliche Wege. Einige Unternehmen legen den Beitrag anhand der Wohnfläche, Bauart und Ausstattung des Hauses fest. Die anderen Versicherer bestimmen die Beiträge auf der Grundlage des „Versicherungswerts 1914“. Das bedeutet, diese Versicherer ermitteln, welche Baukosten im Jahr 1914 angefallen wären. Dann prüfen sie, wie sich die Baupreise bis heute entwickelt haben und passen die Beiträge den Baupreisen an.

Da zusätzlich weitere Faktoren den Beitrag beeinflussen, kann es passieren, dass ein Hausbesitzer in einem kleinen Ort in der Nähe von Hamburg deutlich mehr für seinen Versicherungsschutz zahlen muss als ein Hausbesitzer für ein ähnliches Haus in der Nähe von Stuttgart. Der Grund dafür liegt darin, dass die Versicherer Deutschland in verschiedene Beitragszonen einteilen. Sie unterscheiden vier Leitungswasserzonen. Diejenigen, die in einer Region mit härterem Leitungswasser leben, zahlen mehr als in einer Region mit weicherem Wasser. Die Gefahr, dass es bei härterem Wasser zu Schäden an den Rohren kommt, ist größer.

Ebenso unterscheiden die Versicherer die Immobilien anhand des Sturmrisikos, sodass im Norden ein eher höherer Beitrag fällig werden dürfte als im Süden.

Diese Kosten übernimmt der Versicherer

Hat zum Beispiel ein Sturm oder Feuer seine deutlichen Spuren am Haus hinterlassen, übernimmt der Wohngebäudeversicherer folgende Ausgaben:

- Wurde das Haus völlig zerstört, erstattet er den aktuellen ortsüblichen Neubauwert. Voraussetzung ist allerdings, dass der Wiederaufbau innerhalb von drei Jahren veranlasst wird. Sonst ersetzt der Versicherer lediglich den Zeitwert.
- Ist Gebäudezubehör zerstört worden oder abhandengekommen, ersetzt der Versicherer den Neuwert.
- Wurden bestimmte Teile nur beschädigt, zahlt der Versicherer die Reparatur und dazu noch einen Ausgleich für die Wertminderung.
- Kosten für das Aufräumen der Schadenstelle und den Abtransport von Schadenresten werden erstattet.

- Können die Hauseigentümer vorübergehend ihre eigene Wohnung nicht nutzen, zahlt der Versicherer die Miete für eine Alternativunterkunft für bis zu 12 Monate.
- Können Vermieter Wohnungen in ihrem Haus nach einem Schaden nicht vermieten, übernimmt der Versicherer den Mietausfall für bis zu 12 Monate.

Allerdings sind längst nicht alle Schäden versichert, die auf den ersten Blick nach einem Fall für die Wohngebäudeversicherung aussehen. Brennt das Haus infolge von Brandstiftung oder infolge eines Kurzschlusses ab, zahlt der Versicherer. Er zahlt aber nicht für Schäden, die durch Hitze ohne Feuer entstehen, zum Beispiel Verformungen an Kunststoffteilen. Auch Sengschäden – wenn etwa Zigarettenglut das Parkett beschädigt – sind außen vor. Je nach Tarif kann es sein, dass auch Kaminbrände aus dem Versicherungsschutz ausgeschlossen sind. Doch häufig können diese mitversichert werden.

Ähnlich wie bei der Hausratversicherung (siehe Seite 103) ist auch beim Blitzeinschlag eine Unterscheidung notwendig: Wird eine mit dem Haus verbundene Antennenanlage direkt durch einen Blitzschlag zerstört, zahlt der Wohngebäudeversicherer. Er zahlt auch, wenn ein vom Blitz getroffener Baum auf das Gebäude stürzt und beispielsweise den Dachstuhl zerstört. Er zahlt aber nicht, wenn es an elektronischen Bauteilen zu Überspannungsschäden kommt, wenn der Blitz in die Leitung eingeschlagen hat.

Einschnitte bei der Leistung möglich

Der Wohngebäudeversicherer kommt nicht für Schäden auf, die der Kunde vorsätzlich herbeigeführt hat. Hat der Versicherte grob fahrlässig gehandelt und zum Beispiel trotz brennender Kerze das Zimmer verlassen, hat er dennoch die Möglichkeit, den Schaden zumindest anteilig erstattet zu bekommen. Die frühere Regelung, nach der der Versicherer die Leistung bei grober Fahrlässigkeit nach dem „Alles-oder-Nichts-Prinzip" automatisch komplett streichen konnte, gibt es nicht mehr. Die Leistung wird aber je nach Einzelfall um einen bestimmten Anteil gekürzt.

Im Ernstfall müssen Gerichte entscheiden

Trotzdem ist es natürlich besser, wenn es gar nicht zu einer Diskussion über die Kostenübernahme kommt. Im Ernstfall müssen die Gerichte entscheiden: So hat zum Beispiel der Bundesgerichtshof entschieden, dass Hauseigentümer während ihrer Abwesenheit nicht alle drei Tage kontrollieren lassen müssen, ob die Heizung funktioniert (Az. IV ZR 233/06). Ein Gebäudeversicherer musste infolge dieses Urteils die Kosten für einen Frostschaden übernehmen. Er hatte die Zahlung

CHECKLISTE: Was tun im Schadensfall?

Pflichten muss der Versicherungsnehmer nicht nur erfüllen, um einen Schaden zu vermeiden, sondern auch, wenn es bereits zu einem Versicherungsfall gekommen ist. Tut er das nicht, kann der Versicherer die Leistung anteilig kürzen:

- **Schaden mindern:** Ist etwa ein Rohr geplatzt, sollten Sie möglichst schnell den entsprechenden Hahn abdrehen, sodass das Wasser keine weiteren Spuren hinterlässt.
- **Melden:** Sie müssen den Versicherer unverzüglich informieren, sobald Sie von dem Schaden erfahren.
- **Anweisungen des Versicherers befolgen:** Fragen Sie den Versicherer, wie Sie weiter vorgehen sollen, und befolgen Sie auch dessen Anweisungen, um den Schaden zu mindern.
- **Polizei informieren:** Ist es aufgrund strafbarer Handlungen – zum Beispiel Brandstiftung – zu Problemen am Haus gekommen, müssen Sie sofort die Polizei informieren.
- **Abwarten:** Räumen Sie nicht auf, bevor sich der Versicherer ein Bild von dem Schaden gemacht hat.
- **Dokumentieren:** Lassen sich Veränderungen nicht vermeiden, beispielsweise, um den Schaden zu mindern, machen Sie wenn möglich Fotos, um das Ausmaß der Zerstörungen dokumentieren zu können.
- **Versicherer unterstützen:** Geben Sie so gut es geht Auskunft auf die Fragen des Versicherers und legen Sie die von der Gesellschaft angeforderten Belege vor.

zunächst verweigert, weil der Eigentümer bei Minusgraden mehr als elf Tage nicht kontrolliert hatte, ob die Heizung noch funktionsfähig ist. Die obersten Richter entschieden allerdings, dass es vom Einzelfall abhänge, wie häufig ein Eigentümer seine Heizungsanlage kontrollieren muss, etwa vom Alter oder der Störanfälligkeit der Heizung. Funktioniert die Heizung ansonsten normal, ist eine Kontrolle höchstens einmal in der Woche völlig ausreichend. Fällt die Heizung ab und zu aus, sei es angebracht, häufiger zu kontrollieren, erklärten die Richter.

Die Pflichten des Versicherten

Die Kontrolle der Heizung ist eine der Pflichten des Versicherten, um einen Schaden zu vermeiden. Er hat noch zahlreiche weitere Pflichten. So muss er sicherstellen, dass die versicherten Sachen – vor allem wasserführende Anlagen und Einrichtungen, Dächer und außen angebrachte Anlagen – stets in einem ordnungsgemäßen Zustand bleiben. Treten Mängel oder Schäden auf, muss er diese unverzüglich beseitigen. Auch nicht genutzte Gebäude und Gebäudeteile sind genügend häufig zu kontrollieren. Liegen dort ungenutzte Wasserleitungen, muss der Versicherungsnehmer dafür sorgen, dass die Anlagen abgesperrt und entleert sind.

Verändert der Versicherungsnehmer seine Immobilie – entfernt er zum Beispiel im Laufe von Umbauarbeiten das Dach, sodass das Gebäude offen liegt – muss er den Versicherer über die „gefahrenerhöhenden Umstände" informieren.

NASSER KELLER: ELEMENTARSCHADENSCHUTZ

Eine einfache Wohngebäudeversicherung (mit Ausnahme alter Policen aus der ehemaligen DDR) hat einen Haken, den viele Hausbesitzer nicht unbedingt vor Augen haben: Sie zahlt nicht für Schäden durch Überschwemmungen. Läuft nach einem Gewitter oder nach Starkregenfällen der Keller voll, übernimmt der Wohngebäudeversi-

cherer nicht die Kosten für das Abpumpen des Wassers, und er zahlt auch nicht für die Schäden am Haus – es sei denn, der Kunde hat zusammen mit der Wohngebäudeversicherung eine Elementarschadenschutzversicherung abgeschlossen. Nur mit dieser Zusatzabsicherung, die es auch als Ergänzung zur Hausratversicherung gibt (siehe Seite 103), hat der Versicherte Schutz vor weiteren Schäden durch Naturgewalten wie Überschwemmung, Erdrutsch oder Erdbeben.

Sinnvolle Ergänzung zur Wohngebäudeversicherung

Der zusätzliche Elementarschadenschutz erhöht zwar den Preis der Wohngebäudeversicherung, dennoch ist er sinnvoll. Immer wieder berichten die Medien von Wetterkapriolen und infolgedessen von überfluteten Kellern und Erdgeschosswohnungen.

Allerdings sollten die Versicherten darauf achten, dass die zusätzliche Elementar-Absicherung auch Schäden durch Rückstau mit beinhaltet. Rückstau entsteht, wenn Starkregen die Kanalisation über-

KOMPASS **Elementarschadenschutzversicherung**

Was zahlt sie? Kunden, die diesen Zusatzschutz haben, erhalten Ersatz, wenn beispielsweise Überschwemmungen, Erdrutsch, Erdsenkungen oder Lawinen Schäden an ihrer Immobilie verursachen.

Wer braucht sie? Der Schutz empfiehlt sich für diejenigen, die in gefährdeten Regionen leben. Der Nachteil: Wer den Schutz zum Beispiel wegen Hochwasserrisikos am dringendsten bräuchte, hat meist schlechte Karten, ihn tatsächlich zu bekommen.

Was kostet sie? Durch diesen Zusatzschutz steigt der Preis für die Wohngebäudeversicherung. Um wie viel, hängt entscheidend vom Wohnort ab.

lastet oder sich Wasser auf der Oberfläche des Geländes sammelt, sodass die Keller überflutet werden. Es kann sein, dass der Versicherer den Einbau einer Rückstauklappe in seinen Vertragsbedingungen vorgibt. Erfüllen die Hausbesitzer diese Vorgabe nicht, können sie leer ausgehen, wenn die Kanalisation überlastet ist und ihr Keller unter Wasser steht.

Preis hängt vom Wohnort ab

Wie viel die Versicherten für den Zusatzschutz zahlen müssen, hängt entscheidend davon ab, wo sie wohnen. Denn ähnlich wie beim Sturmrisiko und bei der Einteilung von Beitragszonen nach dem Härtegrad des Wassers hat auch beim Elementarschadenschutz das Schadenrisiko eine besondere Bedeutung für den Preis. Mehr noch: Es kann sogar sein, dass Interessenten überhaupt keine Zusatzversicherung abschließen können, weil den Versicherern das Schadenrisiko zu hoch ist.

Die Versicherer schauen hier genau hin und haben ein sogenanntes „Zonierungssystem für Überschwemmung, Rückstau und Starkregen" (ZÜRS) entwickelt. Jedes Gebäude wird einer von vier Zonen zugeteilt – je nach Risiko kann es sein, dass ein Hausbesitzer in Zone II eingeordnet ist, während sein Nachbar zu Zone III zählt.

Die Versicherer gehen von folgendem Hochwasserrisiko aus:

- Gefährdungsklasse I: statistisch seltener als einmal alle 200 Jahre ein Hochwasser.
- Gefährdungsklasse II: statistisch einmal in 50 bis 200 Jahren ein Hochwasser.
- Gefährdungsklasse III: statistisch einmal in 10 bis 50 Jahren ein Hochwasser.
- Gefährdungsklasse IV: statistisch einmal in 10 Jahren ein Hochwasser.

Gute Karten gegenüber dem Versicherer haben Hausbesitzer, deren Immobilie zu den Gefährdungsklassen I oder II gehört. Hausbesitzer in Zone III können sich gegen Elementarschäden versichern, müssen dafür aber in der Regel deutlich mehr zahlen. In Zone IV bekommen die

Besitzer hingegen keinen Schutz mehr, obwohl sie ihn am nötigsten hätten, weil sie zum Beispiel direkt an einem Flussufer wohnen. An dieser Einstufung ihrer Immobilie können die Hausbesitzer leider nichts ändern.

HAB UND GUT: DIE HAUSRATVERSICHERUNG

Etwa 77 Prozent der Haushalte in Deutschland besitzen eine Hausratversicherung. Dieser Wert zur bundesweiten Verbreitung einer privaten Versicherungspolice wird nur von der Kfz-Haftpflichtversicherung übertroffen. Zwingend notwendig ist die Hausratversicherung nicht, doch sinnvoll ist sie allemal. Das gilt vor allem für diejenigen, die sich im Laufe der Jahre eine hochwertige Wohnungseinrichtung zugelegt haben. Denn die Hausratversicherung kommt für Schäden an sämtlichen beweglichen Einrichtungsgegenständen auf: Möbel, Teppiche, Gardinen, Bücher, CDs, technische Geräte. Die Liste lässt sich problemlos fortsetzen.

KOMPASS **Hausratversicherung**

Was zahlt sie? Die Hausratversicherung springt ein, wenn die Wohnungseinrichtung zum Beispiel durch Sturm, Leitungswasser, Feuer oder Einbruch zerstört wird oder abhandenkommt.
Wer braucht sie? Sinnvoll ist die Police für jeden Mieter und Eigenheimbesitzer, der eine hochwertige Wohnungseinrichtung hat oder den Ersatz nicht bezahlen kann.
Was kostet sie? Der Preis richtet sich nach dem Wert der Wohnungseinrichtung, dem Wohnort und mitversicherten Extraleistungen wie zum Beispiel Fahrraddiebstahl. Der Schutz ist beispielsweise für eine 80 Quadratmeter große Wohnung oft ab etwa 50 Euro im Jahr zu haben, eventuell auch günstiger.

Die Hausratversicherung tritt ein bei Schäden durch Feuer, Leitungswasser, Blitzschlag, Explosion, Einbruchdiebstahl, Raub, Vandalismus, Sturm oder Hagel. Deckt zum Beispiel ein Sturm mit einer Windstärke von mindestens 8 das Dach des Hauses ab und beschädigt der eindringende Regen sämtliche Möbel im Wohnzimmer, kommt der Versicherer für den Schaden am Mobiliar auf. Entweder übernimmt er die Reparaturkosten zuzüglich eines Ausgleichs für eine mögliche Wertminderung der Gegenstände oder – sollten die Einrichtungsgegenstände komplett zerstört sein – er ersetzt den Neuwert (Wiederbeschaffungswert) der beschädigten Güter.

KEIN GELD FÜR ÜBERSCHWEMMUNGEN
Ähnlich der Wohngebäudeversicherung gilt auch für die Hausratversicherung: Für die Folgen einer Überschwemmung wie zum Beispiel Schäden an im Keller gelagerten Möbeln kommt der Hausratversicherer nicht auf. Es sei denn, Sie haben zusätzlich zu Ihrer Police einen Elementarschadenschutz abgeschlossen (siehe Seite 100).

Möbel, Geräte und Alltagsgegenstände

Über die Hausratversicherung sind alle Gegenstände in der Wohnung versichert, die die Haushaltsmitglieder ge- oder verbrauchen. Neben Möbeln, Geräten und Büchern zählen lose liegende Teppiche zu den versicherten Gütern, während fest mit dem Gebäude verbundene Fuß- und Teppichböden außen vor bleiben und über die Wohngebäudeversicherung geschützt werden. Der Hausrat von Untermietern ist nicht über die Versicherung des Hauptmieters abgesichert.

Hingegen zählen folgende Gegenstände zum versicherten Hausrat:

- Wertsachen wie zum Beispiel Bargeld, Urkunden und Schmuck. Hierfür gelten allerdings Entschädigungsgrenzen, es sei denn, die Sachen sind in sicheren Behältnissen aufbewahrt. Sinnvoll ist dieser Schutz trotzdem, wenn Einbrecher die Wohnung ausrauben.
- Räume, die ausschließlich beruflich genutzt werden, fallen zwar nicht unter den Schutz, wohl aber Arbeitsgeräte und Einrichtungsgegenstände, die Haushaltsmitglieder noch beruflich nutzen, zum Beispiel Werkzeug oder Computer. Wenn jemand zum Beispiel neben der

CHECKLISTE: Welche Schäden der Versicherer übernimmt

- Den Neuwert/Wiederbeschaffungswert komplett zerstörter oder verschwundener Güter.
- Die Reparaturkosten plus einen Ausgleich für eine mögliche Wertminderung für beschädigte Gegenstände.
- Einen finanziellen Ausgleich für den Schönheitsschaden an einem Gegenstand, dessen Gebrauchsfähigkeit nach einem Schaden nicht beeinträchtigt und dessen weitere Nutzung zumutbar ist.
- Die Mehrwertsteuer, allerdings nur dann, wenn der Versicherte sich den Gegenstand neu anschafft und die Steuer bezahlt.
- Kosten für das Aufräumen der Wohnung nach einem Schaden und für den Abtransport der zerstörten Gegenstände.
- Ausgaben für den Einbau neuer Schlösser, wenn bei einem Einbruch Schlüssel gestohlen wurden.
- Kosten für die Bewachung der Wohnung, wenn sie nicht anders gesichert werden kann.
- Die Reparaturen an Bodenbelägen, Anstrichen und Tapeten nach einem Leitungswasserschaden.
- Ausgaben für den Transport und die Lagerung von Hausrat, wenn die Wohnung unbenutzbar wurde.
- Reparaturen von Gebäudeschäden nach Einbruch oder Vandalismus.

Je nach Tarif kann es auch sein, dass der Versicherer zum Beispiel für Hotelkosten aufkommt, wenn die Wohnung vorübergehend nicht bewohnbar ist. Oder auch für Rückreisekosten, wenn während des Auslandsaufenthalts die Wohnung daheim ausgeraubt wird und ein erheblicher Schaden von mehreren Tausend Euro entstanden ist.
Vom Versicherungsschutz ausgeschlossen sind allerdings die Ausgaben, die für den Einsatz von Polizei und Feuerwehr auf den Versicherten zukommen können.

Rente noch selbstständig arbeitet und die Gärten der Nachbarn auf Vordermann bringt, zählen auch die dafür genutzten Werkzeuge und Geräte zum Hausrat. Ein Rasenmäher gehört ebenfalls dazu.

- Spiel- und Sportgeräte: Kanus, Ruder- und Schlauchboote zählen zum Hausrat, genauso wie Spielfahrzeuge der Kinder. Für Fahrräder gelten besondere Regeln (siehe Seite 109).

- Privat genutzte Antennenanlagen und Markisen: Reißt ein Sturm zum Beispiel die Satellitenanlage vom Balkon, kommt die Hausratversicherung dafür auf.

Auch der Garten zählt mit

Der Schutz der Hausratversicherung gilt nicht nur im direkten Wohnbereich, sondern beispielsweise auch auf Balkon und Terrasse sowie in selbst genutzten Nebengebäuden und Garagen. Je nach Tarif zahlen manche Versicherer zum Beispiel auch, wenn die Gartenstühle von der Terrasse gestohlen werden oder die Wäsche von der Leine.

Schutz bei Umzug und auf Reisen

Wenn der Versicherte umzieht, gilt für eine Übergangszeit von zwei Monaten der Versicherungsschutz sowohl für die alte als auch für die neue Wohnung.

Dank der sogenannten Außenversicherung geht der Schutz der Hausratversicherung sogar noch weiter: Solange sich die Versicherten vorübergehend im Ausland aufhalten, ist der deutsche Versicherungsschutz mit dabei. Brechen Diebe das verschlossene Hotelzimmer oder die Ferienwohnung in Portugal auf, ersetzt die Hausratversicherung die gestohlenen Gegenstände. Vorübergehend heißt in der Regel „maximal drei Monate".

Auch wenn der Versicherte im In- oder Ausland auf offener Straße ausgeraubt wird, gilt der Versicherungsschutz. Voraussetzung für die Zahlung ist allerdings, dass der Einbruchdiebstahl oder Raub polizeilich gemeldet und dokumentiert wird.

Wohnort und Wert der Einrichtung entscheiden über den Preis

Zwei Kriterien beeinflussen den Preis einer Hausratversicherung besonders: Wie wertvoll ist der Hausrat? Und: Wo befindet sich die Wohnung?

Wenn es darum geht, den Hausrat zu versichern, fragt der Versicherungsvermittler nach dem Wert der Einrichtung. Viele Kunden unterschätzen den Wert dessen, was sie eigentlich besitzen. Hier zählt

wirklich alles mit: von der Schallplattensammlung bis zum Geschirr. Entscheidend ist der Neuwert aller Gegenstände. Diese Schätzung sollte möglichst genau sein, denn sonst besteht die Gefahr einer Unterversicherung. Diese kann im Schadensfall teuer werden:

Beispiel: Hans und Erika Beckmann haben nach ihrer Schätzung Hausrat im Wert von 50 000 Euro. Diesen Betrag haben sie auch bei ihrer Versicherung angegeben. Als der Schlauch Ihrer Waschmaschine platzt und sie Teppiche und eine Kommode im angrenzenden Flur ersetzt haben möchten, weigert sich die Versicherung, den Schaden komplett zu übernehmen, da nach ihrer Einschätzung der Hausrat einen Wert von etwa 75 000 Euro hat. Da nur zwei Drittel des Hausrats versichert waren, übernimmt der Versicherer auch nur zwei Drittel des Schadens.

Unterversicherungsverzicht als Alternative?

Um ein solches Problem wie das der Beckmanns zu vermeiden, gibt es zwei Alternativen.

Möglichkeit 1. Den Wert des Hausrats genau schätzen und gegebenenfalls an veränderte Lebensumstände anpassen: Wichtig ist, Belege über Neuanschaffungen zu sammeln und wertvolle Gegenstände auch zu fotografieren. Eine Hilfe ist außerdem, die Einrichtungsgegenstände in Listen einzutragen und so einen Überblick zu behalten. Wer versucht, den Hausrat zu schätzen, sollte von Zimmer zu Zimmer gehen und alles addieren. Spätestens wenn es zu einem Schadensfall kommt, werden die Versicherten sowieso nicht umhinkommen, sich diese Arbeit zu machen.

Möglichkeit 2. Einen Vertrag mit Unterversicherungsverzicht unterzeichnen: Wollen sich Versicherte die Mühe der genauen Schätzung ersparen, können sie einen Vertrag abschließen, bei dem der Versicherer auf den Einwand der Unterversicherung verzichtet. Dafür müssen die Kunden dann pro Quadratmeter Wohnfläche eine bestimmte Versicherungssumme abschließen, in der Regel 650 Euro. Das kann gut hinkommen. Doch es kann auch sein, dass die Kunden für ihren Schutz dann viel zu viel bezahlen: Angenommen, ein Paar lebt in einer 90 Quadratmeter großen Wohnung. Dann müsste es nach dieser Rechnung auf jeden Fall eine Versicherungssumme von 58 500 Euro angeben (650 Euro mal 90 Quadratmeter). Haben die beiden allerdings auf wertvolle Möbel und eine hochwertige technische Ausstattung verzichtet, kann diese Versicherungssumme deutlich zu hoch und der Schutz damit deutlich zu teuer sein.

REGELMÄSSIG AUF DEN NEUESTEN STAND BRINGEN
Wenn Sie möglichst passend zahlen wollen, ermitteln Sie regelmäßig den Versicherungswert. Erhöhen Sie wenn nötig die Versicherungssumme. Aber auch umgekehrt gilt: Senken Sie den Wert, wenn Sie beispielsweise in eine kleinere Wohnung ziehen und sich von Möbeln trennen.

Wohnort entscheidet mit

Am Beitragsfaktor Versicherungssumme können die Hausratkunden unter Umständen noch etwas ändern. Beim zweiten Beitragsfaktor, dem Wohnort, ist das ohne Umzug nicht möglich. Die Versicherer unterscheiden vier bis sechs Risikoregionen: Je nach Höhe des Risikos für einen Einbruchdiebstahl ordnen die meisten Versicherer Städte und Gemeinden Tarifzonen zu. In einem Dorf oder einer Kleinstadt ist die Chance größer, einen günstigen Schutz zu bekommen, als in einer Großstadt.

Besondere Extras kosten extra

Einige Extras, die nicht in jedem Versicherungsvertrag enthalten sind, sollten Kunden beim Abschluss oder beim Aktualisieren ihres Versicherungsschutzes noch beachten und dafür eventuell zusätzlich Beiträge zahlen.

Ein wichtiges Thema sind Überspannungsschäden. Grundsätzlich sind über die Hausratversicherung Schäden durch Blitzschlag versichert. Das gilt allerdings nur für solche Schäden, die entstehen, wenn der Blitz direkt in die Musikanlage oder den Computer einschlägt. Größer ist jedoch das Risiko, dass der Blitz in die Oberlandleitungen einschlägt und infolge dessen die technischen Geräte beschädigt werden. Selbst wenn der Blitz mehrere Hundert Meter entfernt einschlägt, können gefährliche Spannungsspitzen dafür sorgen, dass die Geräte im Wohn- und Arbeitszimmer lahmgelegt werden. In den teureren Tarifen der Versicherer sind Überspannungsschäden enthalten, aber ansonsten zahlen viele Hausratversicherer nur, wenn der Schutz zusätzlich mit vereinbart wurde. Oftmals besteht die Möglichkeit, Überspannungsschäden zum Beispiel mit 10 Prozent der gesamten Versicherungssumme mit in den Schutz einzuschließen.

DEN STAND DER TECHNIK IM BLICK
Ein neues Notebook vor zwei Jahren, eine Musikanlage im vergangenen Sommer und dazu vor Kurzem ein hochwertiger Flachbildfernseher für die Fußballweltmeisterschaft: Achten Sie darauf, ob Überspannungsschäden noch in ausreichender Höhe abgesichert sind, wenn Sie seit Vertragsabschluss für eine neue technische Ausstattung gesorgt haben.

Fahrrad nicht vergessen

Ähnliche Sonderbedingungen sind für den Schutz von Fahrrädern zu beachten. Denn auch der Fahrraddiebstahl ist nicht automatisch in jedem Hausrattarif enthalten. Und wenn, ist er womöglich nicht hoch genug. Alle, die viel mit dem Fahrrad unterwegs sind und dementsprechend hochwertige Räder haben, sollten diese gesondert gegen Diebstahl versichern. Häufig bieten die Versicherer die Möglichkeit, Fahrräder zum Beispiel mit 5 Prozent der Versicherungssumme gegen Diebstahl zu schützen. Wenn das aufgrund der Qualität der Räder nicht reicht, sollten Kunden einen höheren Prozentsatz wählen.

Hundertprozentige Sicherheit bietet der Schutz gegen Fahrraddiebstahl über die Hausratversicherung allerdings auch nicht unbedingt: Einige Versicherer zahlen nicht, wenn das Fahrrad nachts zwischen 22 Uhr und 6 Uhr morgens entwendet wurde – vorausgesetzt, es wurde nicht während des Gebrauchs oder aus einem verschlossenen Kellerraum oder aus der verschlossenen Wohnung gestohlen. Bei anderen Anbietern spielt es hingegen keine Rolle, ob das Rad über Nacht in einem verschlossenen Raum gestanden hat oder nicht. Voraussetzung für die Zahlung ist aber bei allen Versicherern, dass das Fahrrad mit einem eigenständigen Schloss gesichert war.

Fahrradversicherung als Alternative?

Wer ein neues Rad kauft, bekommt vom Händler womöglich gleich eine separate Fahrradversicherung mit angeboten, die bei Diebstahl einspringen soll. Diesen Schutz können sich die Fahrradbesitzer sparen, wenn sie eine Hausratversicherung haben und hier ihr Fahrrad mit absichern können. Wollen sie trotzdem eine separate Fahrradversicherung, sollten sie unbedingt darauf achten, unter welchen Bedingungen der Versicherer bei Diebstahl überhaupt zahlt.

Vorteil: Neuwert

Die Hausratversicherung ersetzt im Schadensfall den Neuwert, die private Haftpflichtversicherung ersetzt nur den Zeitwert. Diesen Unterschied sollten Versicherte im Hinterkopf behalten, denn er kann sich im Schadensfall bezahlbar machen. Nehmen wir folgende Situation:

Beispiel: Bei Gerda und Bernhard Schneider tropft es von der Küchendecke und auch im angrenzenden Schlafzimmer wird es feucht von oben: Der Kleiderschrank hat hässliche Wasserflecken bekommen, das Bett ebenfalls, die Tapete kommt von der Wand. Es stellt sich heraus, dass der Mieter in der Wohnung über ihnen ein Problem mit seiner Waschmaschine hatte: Der Schlauch ist geplatzt, seine Küche steht unter Wasser, und alles sickert durch bis zu den Schneiders. Das Ehepaar ärgert sich über den Schaden, doch letztlich sieht es das Ganze gelassen – die Haftpflichtversicherung des Nachbarn wird ja zahlen.

Wenn sich die Schneiders nur darauf verlassen, dass die Haftpflichtversicherung des Nachbarn einspringen muss, verschenken sie unter

CHECKLISTE: Was tun im Schadensfall?

Der geplatzte Waschmaschinenschlauch, Feuer in der Wohnung oder Beschädigungen durch Sturm: Egal was passiert ist – gegenüber dem Hausratversicherer müssen Sie Ihre Pflichten (Obliegenheiten) erfüllen, um einen Schaden komplett ersetzt zu bekommen. Dazu zählen folgende Schritte:

- **Schadenminderung**: Tun Sie sofort, was möglich ist, um den Schaden zu mindern. Wurden etwa EC- oder Kreditkarten gestohlen, müssen Sie diese gleich sperren lassen. Für Kunden der meisten Banken ist dies unter der Telefonnummer 116 116 möglich.
- **Meldung:** Sie müssen den Versicherer umgehend über den Schaden informieren. Anweisungen des Versicherers, um den Schaden möglichst gering zu halten, müssen Sie befolgen. Die Polizei müssen Sie informieren, wenn es zu Schäden durch Einbruchdiebstahl, Vandalismus oder Raub gekommen ist.
- **Schadenstelle:** Verändern Sie vor Ort nichts, bevor der Versicherer die Schadenstelle freigegeben hat. Ausnahme: Sie verändern etwas, um den Schaden zu mindern. Dann müssen Sie die beschädigten Gegenstände bis zur Besichtigung durch den Versicherer aufbewahren. Machen Sie wenn möglich Fotos von der Schadenstelle, bevor Sie diese verändern.
- **Untersuchung.** Ermittelt der Versicherer die Ursache und die Höhe des Schadens, sollten Sie ihn so gut es geht unterstützen. Außerdem müssen Sie dem Versicherer und der Polizei eine Liste der abhandengekommenen oder zerstörten Gegenstände erstellen. Wichtig ist, dabei möglichst genau vorzugehen, denn wenn Sie einzelne Schäden erst im Nachhinein melden, muss der Versicherer Ihnen dafür nichts erstatten. Wenn Sie die Listen dauerhaft führen und wichtige Anschaffungen eintragen, sparen Sie sich im Ernstfall einige Mühe.
- **Zahlung:** Solange der Leistungsanspruch noch nicht endgültig feststeht, muss der Versicherer noch nicht bezahlen. Dauert es aber länger, bis die Schadenshöhe feststeht, können Kunden einen Monat nach Meldung des Schadens eine Abschlagszahlung beanspruchen. Steht der Versicherungsanspruch endgültig fest, muss der Versicherer innerhalb von zwei Wochen eine Entschädigung zahlen.

Umständen Geld. Denn die Haftpflichtversicherung wird ihnen den Schaden nur zum Zeitwert ersetzen.

Besser ist folgendes Vorgehen: Familie Schneider informiert den eigenen Hausratversicherer und je nach Schaden auch den Wohngebäudeversicherer (wenn zum Beispiel auch die Jalousiekästen oder der Parkettfußboden etwas abbekommen haben). Die Versicherer werden den Schneiders den Wiederbeschaffungswert ersetzen. Sind Gegenstände weiter nutzbar, haben aber Schönheitsfehler durch das Wasser, erhalten sie auch eine Entschädigung dafür. Im zweiten Schritt werden sich die Versicherer dieses Geld von dem unglücklichen Waschmaschinenbesitzer beziehungsweise dessen Haftpflichtversicherung zurückholen.

Hält Familie Schneider ihre Versicherer ganz aus der Geschichte heraus, bekommt sie nur den Zeitwert der beschädigten Gegenstände erstattet. Je nach Einrichtung und Schadenausmaß kann das schnell einige Hundert Euro oder Unterschied ausmachen.

KEINE ANGST VOR STREIT: RECHTSSCHUTZVERSICHERUNG

Eigentlich könnte das Leben im Ruhestand ganz entspannt sein, doch auch in der Zeit ohne Arbeit kann es mit der Ruhe vorbei sein, wenn es zum Streit kommt: Sie streiten sich mit dem Nachbarn, weil seine Bäume weit über die Grundstücksgrenze ragen. Oder Sie hatten einen Verkehrsunfall und haben Probleme, das Geld, das Ihnen zusteht, vom Unfallverursacher zu bekommen. Oder Sie haben als Mieter Ärger mit dem Hausbesitzer, der eine nicht nachvollziehbare Nebenkostenabrechnung gestellt hat. In solchen Konfliktsituationen ist es gut, wenn man sich den Rat eines Rechtsanwalts einholen kann, um zunächst einmal auszuloten, welche nächsten Schritte möglich und auch nötig sind.

Doch wer zahlt den Anwalt? Die Beratung aus eigener Tasche zu zahlen, kann sich nicht jeder leisten. Eine Rechtsschutzversicherung kann hier die Lösung sein. Immerhin rund 41 Prozent der Haushalte in Deutschland hatten nach Angaben des Gesamtverbandes der Deutschen Versicherungswirtschaft im Jahr 2009 eine Rechtsschutzversicherung abgeschlossen.

Schutz passend zur aktuellen Lebenssituation

Die Rechtsschutzpolice ist sinnvoll, aber im Vergleich zur Haftpflichtversicherung oder einem angemessenen Gesundheitsschutz weniger relevant. Allerdings können für eine gerichtliche Auseinandersetzung schnell mehrere Tausend Euro fällig werden. Dann ist es gut, dafür nicht selbst zahlen zu müssen. In dem Wissen, die Ausgaben ersetzt zu bekommen, wird manch einer deutlich schneller bereit sein, für sein Recht zu kämpfen.

Wer bereits eine Police hat, sollte überlegen, ob er den Schutz ein wenig umstellen und an die Lebensphase „Ruhestand" anpassen kann. Arbeitsrechtsschutz spielt meist keine Rolle mehr. Streit um die Höhe der Rentenbezüge kann es trotzdem noch geben, sodass es sinnvoll sein kann, wenn der Versicherer dafür aufkommt. Wer sich als Rentner die Zeit nimmt, regelmäßig und auch einmal für länger mit dem Auto ins Ausland zu fahren, sollte prüfen, ob der Verkehrsrechts-

KOMPASS Rechtsschutzversicherung

Was zahlt sie? Kommt es zu einem Rechtsstreit, der unter den Schutz der Versicherung fällt, übernimmt der Versicherer Anwalts- und Gerichtsgebühren und die Entschädigungen von Sachverständigen und Zeugen.
Wer braucht sie? Für Auseinandersetzungen mit dem Vermieter oder in privaten Auseinandersetzungen kann sie sinnvoll sein. Verkehrsrechtsschutz ist sinnvoll für jeden, der ein Auto fährt.
Was kostet sie? Der Preis richtet sich danach, welches Paket die Versicherten schnüren, ob sie zum Beispiel Verkehrs- und Mietrechtsschutz mit zum Privatrechtsschutz abschließen wollen oder nicht. Der Preisvergleich lohnt sich.

schutz so ausreichend ist, dass er einen Rechtsstreit im Ausland hinreichend abdeckt.

Eine Rechtsschutzversicherung aus früheren Tagen muss aber nicht immer ein Nachteil sein. In einigen Bereichen können die Bedingungen eines alten Vertrags günstiger sein, weil bestimmte Leistungen hier noch nicht explizit ausgeschlossen sind. Davon können Kunden mit älteren Verträgen zum Beispiel profitieren, wenn es zu einem Rechtsstreit im Kapitalanlagebereich kommt. Die meisten Versicherer schließen heute Streit über Geldanlagen aus ihren Leistungen aus. Es ist daher sinnvoll, ein neues Angebot auch mit dem bisherigen Schutz zu vergleichen. Wenn die Versicherungssumme im alten Vertrag zu niedrig ist, ist es jedoch wichtig, aktiv zu werden: Die Versicherungssumme sollte nicht weit unter 200 000 Euro liegen.

Fit für den Neuabschluss

Auf die jeweiligen Bedarfssituationen sollten auch diejenigen achten, die eine neue Rechtsschutzpolice abschließen wollen. Viele Versicherer bieten besondere Tarife für Senioren an. Diese können eine günstige Wahl sein, müssen es aber nicht. Womöglich ist der Senioren-Tarif bei Anbieter A teurer als ein normaler Familientarif bei Anbieter B. Wichtig ist auch hier, unbedingt die Leistungen des Versicherers in Augenschein zu nehmen. Denn es gibt zum Teil deutliche Unterschiede, in welchen Situationen die Unternehmen zahlen und vor allem, wie viel sie zahlen.

Ist eine rechtliche Auseinandersetzung abgesichert, kommt der Versicherer für Anwalts- und Gerichtsgebühren auf sowie für die Entschädigungen von Sachverständigen und Zeugen. Allerdings sollten die Kunden bedenken, dass der Versicherer seltener einspringt als sie vielleicht gehofft haben. Wenn sie sich für den Privatrechtsschutz entscheiden, können sie in unterschiedlichen Lebensbereichen die Hilfe eines Anwalts in Anspruch nehmen, einen Rundumschutz haben sie aber nicht. So ist zum Beispiel der Schutz bei Familien-, Partnerschafts- oder Erbrechtsproblemen begrenzt. Die Versicherer beschränken in solchen Fällen den Rechtsschutz in der Regel auf eine Erstberatung beim Anwalt. Dabei muss es einen tatsächlichen Anlass

für die Beratung geben wie etwa einen aktuellen Erb- oder Trennungsfall. Der Versicherer zahlt nicht einfach so, wenn ihr Kunde beim Anwalt nachfragt, wie er eine Schenkung an seine Kinder möglichst problemlos gestalten kann. Erhalten die Versicherten vom Anwalt mehr als nur eine Erstberatung, zahlen nur wenige Gesellschaften. Und auch diese begrenzen den Schutz und legen Grenzen für die Erstattung der Kosten fest.

Ähnlich stellt sich die Situation in anderen Lebensbereichen dar:

- Vertrags- und Sachenrecht: Gibt es Streit um Verträge – zum Beispiel um die schlechte Qualität einer gelieferten Ware, kommt der Versicherer für die Anwaltskosten auf. Ausgeschlossen vom Schutz sind jedoch sämtliche Vertragsauseinandersetzungen, die rund um den Bau einer Immobilie anfallen.
- Sozialrecht: Streitet der Versicherte mit der Krankenkasse über eine Leistung oder auch mit der Pflegekasse über die Einstufung in eine Pflegestufe, greift der Sozialrechtsschutz. Viele Versicherer zahlen aber erst, wenn es zu einem Gerichtsverfahren kommt. Die Anwaltskosten, die für die vorgerichtliche Auseinandersetzung anfallen, übernehmen sie meistens nicht.
- Betreuung und Patientenverfügung: Je nachdem, bei welchem Anbieter der Vertrag unterschrieben wurde, kann es sein, dass der Versicherer die Anwaltskosten übernimmt, wenn eine gesetzliche Betreuung angeordnet wird oder Hilfe bei einer Patientenverfügung notwendig ist. Allerdings ist diese finanzielle Unterstützung häufig begrenzt.
- Schadenersatz: Der Versicherer zahlt, wenn sein Kunde Schadenersatz erstreiten will. Dazu kann es beispielsweise nach einem Unfall kommen, den der Versicherte nicht verschuldet hat. Umgekehrt

springt der Rechtsschutzversicherer jedoch nicht ein, wenn der Versicherte Ansprüche eines Unfallgegners abwehren will. In dem Fall ist aber die Haftpflicht- oder Kfz-Haftpflichtversicherung zuständig.

- Streit mit der Verkehrsbehörde: Der Rechtsschutzversicherer zahlt aber, wenn der Kunde sich mit den Verkehrsbehörden auseinandersetzen muss – etwa, wenn es um den Einzug des Führerscheins geht.
- Kapitalanlagerecht: Hier hilft den Versicherten häufig auch die Rechtsschutzversicherung nicht. Wollen sie sich zum Beispiel gegen eine Falschberatung bei der Bank mithilfe eines Anwalts wehren, müssen sie die Kosten dafür oft aus eigener Tasche zahlen oder zumindest einen Teil davon. Im letzten Test von Rechtsschutzversicherungen hat Finanztest ermittelt, dass etwa ein Drittel der Versicherer einen Anwalt bezahlen, der beim Streit um eine Geldanlage hilft. Allerdings gaben nur zwei Versicherer an, hier ohne Einschränkung unbegrenzt zu leisten. Andere ziehen Obergrenzen, bis zu welcher Anlagesumme sie einen Rechtsstreit unterstützen. Die meisten Anbieter schließen jedoch Streit um Geldanlagen komplett aus ihrem Schutz aus.
- Steuerrecht: Auch wenn sich der Versicherte mit dem Finanzamt streitet und sich dafür einen Anwalt nimmt, kann es teuer werden. Die meisten Versicherer beschränken den Rechtsschutz bei Steuerärger auf Streitigkeiten vor Gericht. Für außergerichtliche Auseinandersetzungen mit dem Finanzamt kommen nur wenige Versicherer auf.

TIPP **Selbstbehalt als Chance?**

Falls Sie Probleme haben, eine Rechtsschutzversicherung zu bekommen, können Sie Ihre Chancen eventuell verbessern, wenn Sie sich bereit erklären, einen Selbstbehalt von zum Beispiel 150 Euro zu zahlen. Wer sich für einen Tarif mit Selbstbehalt entscheidet, kann außerdem Beiträge sparen. Hinzu kommt, dass der Selbstbehalt eine Art Selbstschutz ist, die Versicherung nicht wegen jeder Kleinigkeit in Anspruch zu nehmen und so zu riskieren, den Vertrag womöglich gekündigt zu bekommen.

- **Wohnungs- und Grundstücksrecht:** Als Mieter sind Versicherte auf der sicheren Seite, wenn sie ihren Privatrechtsschutz um Mietrechtsschutz ergänzt haben. Dann zahlt der Versicherer, wenn sie beispielsweise mit dem Vermieter über die Nebenkosten oder Schönheitsreparaturen streiten. Hausbesitzer haben mit der passenden Rechtsschutzversicherung zum Beispiel Unterstützung in der Auseinandersetzung mit einem Nachbarn.

ERST ABSCHLIESSEN, DANN STREITEN
Zeichnet sich ein Streit mit dem Nachbarn oder der Krankenkasse ab, ist es für den Abschluss einer Rechtsschutzversicherung in der Regel schon zu spät. Je nach Rechtsgebiet setzen die Versicherer häufig eine Wartezeit von zum Beispiel drei Monaten voraus. Der Versicherer kommt dann nur für die Kosten der Auseinandersetzung auf, wenn diese erst nach Ablauf der Wartefrist eintritt.

Ein Rechtsstreit zu viel

Versicherte haben das Recht, ihre Rechtsschutzversicherung ordentlich zum Ablauf der Vertragslaufzeit zu kündigen, nach einer Beitragserhöhung oder nachdem sie den Versicherer in Anspruch genommen haben. Doch gerade in der Rechtsschutzversicherung kommt es häufig vor, dass der Versicherer den Vertrag von sich aus kündigt. Oft ist in den Vertragsbedingungen ein außerordentliches Kündigungsrecht des Versicherers vereinbart, sodass er nach zwei Fällen innerhalb von zwölf Monaten den Vertrag kündigen kann. Wenige Anbieter können das sogar nach dem ersten Fall.

Wenn der Versicherer den Kunden aus dem Vertrag wirft, sollte er versuchen, zu einem anderen Anbieter zu kommen, vorausgesetzt, der Rechtsschutz ist ihm wichtig. Allerdings kann es sein, dass er keinen neuen Versicherer findet, denn die Versicherer fragen beim Vertragsabschluss, wer den alten Vertrag gekündigt hat. Schwindeln sollten die Antragsteller hier nicht, denn sonst verlieren sie den Versicherungsschutz. Gelingt es dem Kunden aber lückenlos, zu einem neuen Versicherer zu wechseln, kommt in der Regel keine erneute Wartezeit auf ihn zu.

ES GIBT WICHTIGERES: DARAUF KÖNNEN VIELE VERZICHTEN

Die Versicherungsunternehmen bieten eine breite Palette weiterer Policen an, die ihren Kunden den Alltag erleichtern sollen. Vieles davon können sich auch Rentner sparen.

Beispiel Brillenversicherung: Optiker bieten die Möglichkeit, sich mithilfe einer Brillenversicherung Ersatz zu sichern, falls die eigene Brille kaputtgeht. Kostet die Brille zum Beispiel bis zu 200 Euro, kostet der Schutz eines Anbieters bei einer zweijährigen Laufzeit 10 Euro im Jahr, insgesamt 20 Euro. Das klingt zunächst nach einer geringen Summe. Allerdings kann man sich dieses Geld auch sparen. Besser ist es, für einen Notfall etwas Geld zurückzulegen und zum Beispiel sicher auf einem Tagesgeldkonto zu parken. Beschädigt jemand anders die Brille, springt dessen Privathaftpflichtversicherung ein. Wenn der Brillenbesitzer eine Krankenzusatzversicherung hat, besteht die große Chance, dass er über sie einen Teil der Kosten für eine neue Brille erstattet bekommt.

Auch Handy- und Laptopversicherungen gehören zu den Policen, die ganz hinten auf der Prioritätenliste stehen. Die Besitzer der Geräte können sich zum Beispiel mit einer Laptopversicherung für den Fall wappnen, dass der Rechner gestohlen wird. Allerdings gelten bei solchen Policen häufig verschiedene Ausschlüsse, die es ähnlich der Reisegepäckversicherung erschweren, bei einem Diebstahl tatsächlich Geld zu bekommen.

Glasbruchversicherung je nach Immobilie

Wichtiger kann unter bestimmten Voraussetzungen eine Glasbruchversicherung sein. Wenn ein Hausbesitzer zum Beispiel einen Wintergarten mit zahlreichen Glaselementen neu anbaut, sollte er bei seinem Wohngebäudeversicherer nach einer ergänzenden Glasbruchversicherung fragen. Sie zahlt, wenn zum Beispiel der Enkel des Nachbarn mit dem Fußball ein Glaselement zerstört.

Je nach Alter des Kindes würde zwar auch die Haftpflichtversicherung der Familie des Jungen für den Schaden aufkommen. Aber was, wenn der Kunstschütze nicht auffindbar ist oder zum Beispiel erst sechs Jahre alt ist und damit noch nicht deliktfähig? Nicht jeder Haftpflichtversicherer kommt für Schäden durch deliktunfähige Kinder auf (siehe Seite 50).

VERSICHERER PACKEN PAKETE
Längst nicht jeder benötigt eine Glasversicherung. Trotzdem hat sie manch einer, der gut darauf verzichten könnte, und zwar, weil er sie in einem Paket mit anderen Versicherungen wie der Hausratpolice abgeschlossen hat. Besser als Pakete sind einzelne Policen, um doppelte und überflüssige Abschlüsse zu vermeiden.

Alles für das Haustier

So viel Freude eine Katze, ein Hund, ein Pferd oder ein Papagei machen – sie kosten auch einiges. Zu den regelmäßigen Ausgaben für Futter und Pflege kommen häufig noch unerbeten Kosten für den Tierarzt oder für Schäden, die ein Tier verursacht, hinzu. Auch hierfür haben die Versicherer Angebote.

Wenn der Hund den Postboten beißt: Tierhalterhaftpflicht

Zunächst gilt: Schäden durch Kleintiere wie Katze oder Meerschweinchen sind über die private Haftpflichtversicherung geschützt. Zerkratzt der Stubentiger beim Besuch der Nachbarin deren teuren Ledermantel, ersetzt die Haftpflichtversicherung ihr den Zeitwert. Für Hunde gilt das nicht: Hundebesitzer sollten unbedingt eine separate Tierhalter-Haftpflichtversicherung abschließen, ebenso Besitzer von Pferden (siehe Seite 53). Aquarienbesitzer sollten darauf achten, dass in ihrer Hausratversicherung ein besonderer Schutz für Wasserschäden vereinbart ist.

Wenn die Katze vom Balkon fällt: Tierkrankenversicherung

Neben diesen organisatorischen und rechtlichen Details geht es vielen Tierhaltern vielmehr um das Wohl ihres Tieres. Und genau das kann teuer werden, wenn der Hund sich beim täglichen Parkrundgang verletzt oder die Katze schwer erkrankt. Ausgaben für eine Operation und

die anschließende Heilbehandlung treiben die Tierarztrechnung in die Höhe. Je nach Rente kann es schwierig werden, diese Ausgaben zusätzlich zu den Aufwendungen des alltäglichen Lebens begleichen zu müssen.

Mehrere Versicherer, darunter mit der Allianz auch das größte deutsche Versicherungsunternehmen, wollen mit Tierkrankenversicherungen helfen. Je nach Leistungsumfang übernimmt der Versicherer zum Beispiel Ausgaben für dringend notwendige Operationen und eventuell auch die anschließende Heilbehandlung. Die Beitragshöhe für so eine Police kann unter anderem von der Tierart, der Größe des Tiers, dem Leistungsumfang und der Vertragslaufzeit abhängen, sodass beispielsweise für einen Hund Zahlungen zwischen 10 und 30 Euro möglich sind.

Deutlich wichtiger als der Krankenversicherungsschutz des Haustiers ist der eigene Schutz. Bevor Tierhalter an eine Krankenversicherung für ihre Vierbeiner denken, sollte ihre eigene Absicherung und die ihrer Angehörigen gewährleistet sein. Gibt es dann noch finanziellen Spielraum, könnten sie eine Krankenversicherung für das Haustier in Erwägung ziehen. Allerdings sollten die Halter vorher die Vertragsbedingungen für eine solche Police gut lesen, denn es gibt zahlreiche Einschränkungen in den Leistungen, die womöglich dafür sorgen, dass sie trotz Versicherung auf Tierarztkosten sitzen bleiben:

- Nicht jedes Tier wird versichert, Ausnahmen etwa aufgrund des Alters oder der Rasse sind möglich.
- Die Leistung ist möglicherweise je Behandlungsfall oder im Laufe eines Jahres begrenzt.
- Der Versicherer zahlt nicht für jeden Tierarztbesuch, sondern nur für eine Operation nach einem Unfall.

- Bei unvermeidbaren Ereignissen wie zum Beispiel Impfungen der Tiere können sich die Halter nicht bei jedem Angebot darauf verlassen, dass der Krankenversicherer einspringt.
- Oder der Versicherer übernimmt nur die reinen Behandlungskosten und nicht noch Ausgaben für Medikamente und Hilfsmittel.

Es lohnt sich, eine bereits bestehende Police mit anderen Angeboten zu vergleichen. Halter von Haustieren sollten sich außerdem über Alternativen zum Versicherungsvertrag Gedanken machen. Wenn sie sich den Versicherungsbeitrag sparen und das Geld sicher bei der Bank anlegen, kommt mit der Zeit eine ansehnliche Summe zusammen: Wer auf eine Police verzichtet und die damit gesparten Beiträge – zum Beispiel 30 Euro jeden Monat – zwei Jahre lang sicher zu einem Zinssatz von 3 Prozent anlegt, kommt immerhin auch auf eine Sparsumme von 743 Euro. Das Geld dürfte für die eine oder andere Untersuchung beim Tierarzt ausreichen.

SCHUTZ FÜR UNTERWEGS

Ruhestand bedeutet für viele, endlich Zeit zu haben, um zu reisen und um mehr zu unternehmen als früher. Dabei sind ein paar Verträge unerlässlich. Dazu zählen der passende Schutz für Ihren Wagen sowie die Auslandsreise-Krankenversicherung. Doch es gibt auch Produkte, die Sie sich sparen können. Denn selbst bei Auslandsreisen nehmen Sie Ihren Schutz von zuhause häufig mit.

DER PASSENDE SCHUTZ FÜR IHR AUTO

Mit dem Ende des Arbeitslebens ändert sich für viele Versicherte einiges rund um den Gebrauch ihres Autos: Vielleicht hatte eine Familie bisher zwei Wagen – nun, da beide oder ein Partner nicht mehr zur Arbeit fahren müssen, reicht womöglich ein Fahrzeug.

Doch nicht nur diejenigen, die einen Wagen abgeben oder wechseln, sollten über die Versicherung nachdenken. Denn auch für Kunden, die ihr bisheriges Auto weiter nutzen, wird es sich lohnen, den Vertrag bei Rentenbeginn zu überprüfen. Fahren sie zum Beispiel weniger als früher, können sie Versicherungsbeiträge sparen. Fahren sie deutlich mehr, weil sie längere Reisen mit dem Auto unternehmen, kann auch dies den Versicherungsschutz beeinflussen.

Hinzu kommt, dass gerade bei den Autoversicherungen der Markt stark in Bewegung ist. Die Versicherer locken jedes Jahr mit neuen Tarifen. Zwischen den günstigsten und den teuersten Angeboten liegen meist beträchtliche Beitragsunterschiede. Bei einer Untersuchung von Finanztest (siehe www.test.de) zahlte ein Modellrentner für die gleichen Leistungen je nach Angebot zwischen etwas über 300 Euro und 1000 Euro im Jahr.

KOMPASS **Kfz-Versicherungen**

Was zahlen sie? Die Kfz-Haftpflichtversicherung zahlt für alle Schäden, die der Versicherungsnehmer oder die mitversicherten Fahrer durch den Gebrauch des Fahrzeugs bei anderen verursachen. Mit Vollkaskoschutz sind zudem unter anderem selbst verursachte Schäden am eigenen Fahrzeug sowie Vandalismus und alle Teilkaskoschäden wie zum Beispiel Diebstahl versichert.
Wer braucht sie? Die Haftpflichtversicherung ist Pflicht für jeden Fahrzeughalter. Ob und welcher Kaskoschutz (Teil- oder Vollkasko) sich lohnt, richtet sich nach Alter und Wert des Fahrzeugs.
Was kosten sie? Ein konkreter Preis lässt sich kaum nennen, denn zahlreiche Kriterien haben Einfluss auf die Höhe des Beitrags: zum Beispiel der Fahrzeugtyp, der Wohnort, die gefahrenen Kilometer oder auch das Alter des oder der Fahrer. Für den Kaskoschutz ist zudem entscheidend, welche Leistungen gewählt werden.

Haftpflicht ist Pflicht

Fahrzeughalter sind gesetzlich verpflichtet, eine Kfz-Haftpflichtversicherung abzuschließen. Ergänzend können sie eine Kaskoversicherung für ihr Fahrzeug wählen – entweder Voll- oder Teilkaskoschutz. Der Haftpflichtversicherer springt ein, wenn der Versicherungsnehmer oder ein anderer versicherter Fahrer mit dem versicherten Fahrzeug einen Unfall verursacht und dabei einen anderen schädigt. Ohne Versicherung könnte ein solcher Unfall den finanziellen Ruin bedeuten.

Gesetzlich vorgeschrieben ist eine Mindestdeckung von 7,5 Millionen Euro für Personenschäden, 1 Million Euro für Sachschäden und 50 000 Euro für Vermögensschäden. Dabei belassen es die Versicherer allerdings in der Regel nicht. Zahlreiche Versicherer bieten mittlerweile auch 100 Millionen Euro oder zumindest 50 Millionen Euro pauschal als Versicherungssummen an. Das kostet nicht viel mehr und ist unbedingt zu empfehlen.

Kaskoschutz ist freiwillig

Bei sehr alten Autos reicht häufig der Haftpflichtschutz. Bei einem neuen oder noch relativ neuen Auto sollten die Fahrzeughalter aber für eine zusätzliche Absicherung sorgen. Für Neuwagen ist unbedingt eine Vollkaskoversicherung zu empfehlen. Dann haben die Fahrzeughalter beispielsweise auch Schutz, wenn sie einen Schaden am eigenen Auto verursachen. Gerade bei einem Neuwagen wäre es finanziell meist schwer zu verkraften, wenn der Besitzer durch ein ärgerliches Missgeschick einen Schaden von vielleicht 5 000 Euro an seinem Fahrzeug verursacht.

Bis zu zwei Jahre Neuwertentschädigung möglich

Eigentlich ersetzt die Kaskoversicherung einen Schaden nur auf Basis des Zeitwerts des Fahrzeugs. Viele Anbieter erstatten aber zumindest in der ersten Zeit den Neuwert. Es gibt Versicherer, die dies nur in den ersten drei oder sechs Monaten nach Erstzulassung tun. Möglich ist aber auch die Neuwertentschädigung in den ersten zwölf Monaten oder sogar für die ersten zwei Jahre.

Kunden, denen dieses Extra wichtig ist, sollten in den Vertragsbedingungen darauf achten.

Schutz bei Vandalismus und Diebstahl

Wer für einen Vollkaskoschaden den Versicherer in Anspruch nimmt, muss allerdings hinnehmen, dass er in der Regel zukünftig mehr für seinen Versicherungsschutz zahlen muss, weil er in eine schlechtere Beitragsklasse eingestuft wird.

Im Vollkaskoschutz sind neben den Folgen eines selbst verschuldeten Unfalls auch Schäden durch Vandalismus mitversichert. Wird also das Auto in Brand gesteckt, ersetzt die Vollkasko den Schaden. Auf diese beiden Leistungen verzichten Kunden, die für ihr Fahrzeug nur Teilkaskoschutz zusätzlich zur Haftpflichtversicherung abschließen.

Die Teilkaskoversicherung zahlt bei Diebstahl des Fahrzeugs, bei Unfällen mit Haarwild, für Schäden durch Explosion oder Glasbruch sowie für wetterbedingte Schäden: Hinterlässt Hagel Spuren im Lack oder fällt beispielsweise bei Sturm ein Ast auf den Wagen, zahlt die

Teilkaskoversicherung. Bei Sturm zahlt sie aber nur, wenn mindestens Windstärke 8 gemessen wurde. Das entspricht einer Windgeschwindigkeit von mindestens 62 Kilometer pro Stunde. Bei niedrigeren Geschwindigkeiten würde nur eine Vollkaskoversicherung für den Schaden aufkommen. Die Teilkaskodeckung ist in der Vollkasko enthalten.

RUND UMS AUTO: WELCHE VERSICHERUNG ZAHLT WAS?

Art der Versicherung	Leistungen	Wie lange zu empfehlen?
Kfz-Haftpflichtversicherung	Schutz des Unfallverursachers vor dem wirtschaftlichen Ruin. Der Versicherer übernimmt die Schadenersatzzahlungen an die Unfallopfer und kommt für Personen-, Sach- und Vermögensschäden auf.	Pflichtprogramm unabhängig vom Alter des Wagens.
Teilkaskoversicherung	Der Versicherer zahlt für Schäden durch Brand, Explosion, Diebstahl, Raub, Elementarereignisse wie Sturm, Hagel und Überschwemmungen sowie durch Haarwild. Er kommt auch für Glasschäden auf. Der Abschluss ist freiwillig.	Je nach Zustand des Autos. Bei alten Wagen ab zirka zehn Jahren nicht notwendig.
Vollkaskoversicherung	Der Versicherer zahlt für alle Teilkaskoschäden. Darüber hinaus sind Unfallschäden am eigenen Fahrzeug und Schäden durch Vandalismus gedeckt. Der Abschluss ist freiwillig.	Auf jeden Fall für Neuwagen, je nach Fahrzeug und Zustand des Fahrzeugs für weitere Jahre. Auch bei hoher Schadenfreiheitsklasse empfehlenswert.

TIPP **Mit Vollkasko immer auch Teilkaskoschutz**

Scheuen Sie sich als Vollkaskokunde nicht, zum Beispiel einen wetterbedingten Teilkaskoschaden beim Versicherer zu melden, nur weil Sie fürchten, schlechter eingestuft zu werden: Bei so einem Schaden verlieren Sie Ihren bisherigen Schadenfreiheitsrabatt in der Kaskoversicherung nicht. Ihren Rabatt verlieren Sie lediglich, wenn Sie den Versicherer tatsächlich für einen Vollkaskoschaden, also etwa nach einem selbst verschuldeten Unfall, in Anspruch nehmen.
Der Schadenfreiheitsrabatt in der Vollkaskoversicherung sorgt dafür, dass Vollkaskoschutz für diejenigen, die lange unfallfrei gefahren sind, sogar günstiger sein kann als der Teilkaskoschutz, für den Schadenfreiheitsrabatte bis auf wenige Ausnahmen keine Rolle spielen.

Wie lange versichern?

Ein Richtwert, bis wann eine Vollkaskoversicherung sinnvoll ist, ab wann Teilkaskoschutz reicht und ab wann auch dieser Schutz als Ergänzung der Haftpflichtversicherung überflüssig wird, ist leider kaum zu nennen. Das hängt auch vom individuellen Sicherheitsbedürfnis des Versicherungsnehmers ab. Grob lässt sich sagen, dass ein Fahrzeug zumindest in den ersten drei Jahren nach Erstzulassung vollkaskoversichert sein sollte und nach etwa zehn Jahren selbst der Teilkaskoschutz nicht mehr unbedingt nötig ist. Doch ein genereller Wert ist das nicht: Wenn ein Autobesitzer zum Beispiel bei einem fünf Jahre alten Fahrzeug das Gefühl hat, ein selbst verursachter Schaden wäre eine zu große finanzielle Belastung, hält er besser an der Vollkaskoversicherung fest.

Außerdem muss die Schadenfreiheitsklasse berücksichtigt werden, die es in der Vollkasko gibt. Wer auf einem niedrigen Beitragssatz fährt, sollte prüfen, ob der umfangreichere Vollkaskoschutz nicht zu einem ähnlichen Beitrag zu haben ist wie der Teilkaskoschutz.

Wonach richtet sich der Preis der Autoversicherung?

Für den Preis der Autoversicherung spielen zahlreiche Faktoren eine Rolle. Nach Auswertung von Schadenstatistiken legen die Versicherer zum Beispiel folgende Größen fest:

Die Typklasse: Jedes Fahrzeug ist einer bestimmten Typklasse zugeordnet. Die Fahrzeugtypen, bei denen rein statistisch häufiger mit einem Schaden zu rechnen ist, sind in einer höheren Typklasse und dementsprechend teurer.

Die Regionalklasse: Es spielt auch eine Rolle, wo ein Fahrzeug zugelassen ist. In Regionen, in denen das Unfall- oder auch das Diebstahlrisiko besonders groß ist, müssen die Versicherten aufgrund ihres Wohnorts mit höheren Beiträgen rechnen.

Die Schadenfreiheitsklasse: Während die Fahrzeughalter die ersten beiden Faktoren kaum beeinflussen können, berücksichtigt die Schadenfreiheitsklasse das Fahrverhalten. Wem es gelingt, möglichst lange schaden- und unfallfrei zu fahren, erreicht eine höhere Schadenfreiheitsklasse und zahlt entsprechend weniger Beitrag. Sobald Sie die Versicherung in Anspruch nehmen, können Sie einen Teil des bisherigen Schadenfreiheitsrabatts verlieren. Manchmal lohnt es sich dann, zumindest kleinere Schäden aus eigener Tasche zu zahlen. Schadenfreiheitsklassen gibt es sowohl in der Haftpflichtversicherung als auch in der Vollkaskoversicherung.

TIPP **Vorher erkundigen**

Wenn Sie den Kauf eines Fahrzeugs überlegen, fragen Sie beim Versicherer nach, wie dieses Fahrzeug eingestuft ist. Sie können es auch selbst im Internet überprüfen unter www.typklasse.de. Lassen Sie sich nach einem Unfall vom Versicherer ausrechnen, ob es für Sie aufgrund der Zurückstufung in eine schlechtere Schadenfreiheitsklasse günstiger ist, den Schaden aus eigener Tasche zu zahlen. Einen entsprechenden Rechner der Stiftung Warentest für „Selbstzahler" finden Sie auch unter www.test.de.

Alter der Fahrer, Haus oder Wohnung, Bürgersteig oder Garage?
Neben diesen Einstufungen haben die Autoversicherer ihre Preise mittlerweile immer mehr auf die persönliche Situation ihrer Kunden zugeschnitten. Viele individuelle Faktoren beeinflussen die Höhe – zum Beispiel das Alter des Fahrers, ob er in einer Mietwohnung oder in einem Eigenheim lebt, ob er eine Garage besitzt oder das Auto auf der Straße abgestellt wird oder wie lange er bereits bei einem Versicherer ist.

Wer seinem bisherigen Anbieter seit Jahren treu ist oder dort mehrere Verträge hat, bekommt unter Umständen Rabatt. Darüber hinaus ist entscheidend, wer den Wagen fährt. Besonders teuer kann es werden, wenn zum Beispiel auch der 18-jährige Enkel den Wagen fahren darf. Junge Fahranfänger sind bei den Versicherern nicht so beliebt. Es lohnt sich deshalb, vorher genau zu überlegen, wer fahren darf und fahren soll und wie sich das auf die Prämie auswirkt. Lohnt es sich, den Fahrerkreis einzuschränken, um Beiträge zu sparen? Oder kommt das nicht infrage, weil zum Beispiel der Enkel auch ab und zu mal Einkäufe für seine Großeltern miterledigen soll?

Können jüngere Fahrer mitfahren, hat das unter Umständen noch einen weiteren Vorteil, der sich zeigt, wenn ältere Fahrer nicht mehr selbst fahren wollen. Angenommen, ein 80-jähriger Mann ist selbst über Jahrzehnte unfallfrei gefahren und hat jetzt eine Schadenfreiheitsklasse 30 erreicht. Nun will er nicht mehr selbst am Steuer sitzen und seine 25-jährige Enkelin soll den Vertrag übernehmen. Dann kann sie zumindest einen Teil des Schadenfreiheitsrabatts mitnehmen: Wenn sie sieben Jahre den Führerschein hatte und auch in diesen sieben Jahre mit diesem Wagen gefahren sein kann, rechnet der Versicherer ihr diese Jahre an. Wenn der Rentner jedoch in den letzten sieben Jahren als alleiniger Fahrer beim Versicherer gemeldet war, kann die Enkelin gar nicht selbst auch den Freiheitsrabatt erfahren haben, sodass sie den erhofften Rabatt wohl nicht bekommt.

Ein weiteres Kriterium, das den Beitrag deutlich beeinflusst, ist die Kilometerleistung. Wenn der tägliche Arbeitsweg wegfällt, kann es sein, dass jedes Jahr statt 20 000 Kilometern nur noch 15 000 Kilometer gefahren werden. Weiß der Versicherer davon, sinkt der Beitrag zum Teil sogar erheblich.

IMMER RICHTIGE ANGABEN MACHEN

Schummeln Sie nicht bei Kilometerleistung, Fahreralter oder anderen Beitragskriterien. Wenn es herauskommt, zahlen Sie deutlich drauf. Viele Versicherer verlangen zum Beispiel als Strafe einen kompletten Jahresbeitrag oder pauschal 500 oder auch 1000 Euro. Unter Umständen kann es sogar zur Kündigung des Vertrags kommen.

Lohnt sich Werkstattbindung?

Die Versicherer bieten ihren Kunden Tarife mit sogenannter Werkstattbindung an. Bei diesen verpflichtet sich der Kunde, Kaskoschäden in einer Werkstatt reparieren zu lassen, mit der der Versicherer einen Kooperationsvertrag geschlossen hat. Die Reparaturen werden für den Versicherer günstiger. Davon profitiert der Kunde zum Beispiel durch einen Rabatt auf die Beiträge, eine niedrigere Selbstbeteiligung oder andere Sonderleistungen. Ein möglicher Nachteil: Es handelt sich bei den Werkstätten nicht unbedingt um Vertragswerkstätten. Das heißt, womöglich setzt der Fahrzeughalter Garantieleistungen des Autoherstellers aufs Spiel, wenn er den Wagen nicht in einer Vertragswerkstatt reparieren lässt. Außerdem ist das Netz der Partnerwerkstätten nicht überall engmaschig. In Städten mag das funktionieren, auf dem Land könnten die Entfernungen zur Partnerwerkstatt schon sehr weit werden. Nach den Standorten der Werkstätten sollten die Versicherungsnehmer fragen, ehe sie sich für einen solchen Tarif entscheiden.

Für Kaskoschutz zählt mehr als nur der Preis

Das Angebot an Autoversicherungstarifen ist riesig. Die Stiftung Warentest hat in ihren zahlreichen Untersuchungen regelmäßig mehr als 150 Tarife überprüft. Für Verbraucher ist es da schwierig, den Überblick zu behalten.

Diejenigen mit einem alten Fahrzeug, die nur Haftpflichtschutz suchen, können sich vor allem am Preis orientieren, da die Leistungen der Versicherer in der Kfz-Haftpflichtversicherung weitestgehend identisch sind. Die Preisunterschiede können aber gewaltig sein. Wer hingegen zusätzlichen Kaskoschutz benötigt, sollte nicht nur nach dem günstigsten Angebot suchen. Denn in der Kaskoversicherung bieten viele Anbieter bestimmte Leistungen an, die je nach individueller Situation von besonderer Bedeutung sein können. Einer davon ist die bereits erwähnte Neuwerterstattung (siehe Seite 125), doch es gibt weitere Beispiele:

Der Rabattretter: Wer jahrelang unfallfrei gefahren ist, hat eine bestimmte Schadenfreiheitsklasse – zum Beispiel SF 25 oder SF 30 – erreicht. Wählen die Kunden einen Tarif mit Rabattretter aus, können sie sich je nach Versicherer einen Schadensfall leisten ohne gleich mehr für ihren Versicherungsschutz zahlen zu müssen. Gerade für ältere Fahrer kann das ein besonderes Extra sein, denn dieser Zusatz kann sich im Schadensfall deutlich auszahlen.

Marderbissschäden: In bestimmten Regionen kann der Schutz vor Marderbissschäden sinnvoll sein. Mehrere Tarife schließen solche Schäden aus, andere begrenzen den Schutz auf bestimmte Teile im Fahrzeug, und andere zahlen unabhängig davon, was von den Tieren angeknabbert wurde.

Ungekürzte Leistung trotz grober Fahrlässigkeit: Wenn ein Fahrer einen Schaden grob fahrlässig verursacht – also zum Beispiel eine rote Ampel missachtet –, muss der Versicherer per Gesetz für diesen Schaden nicht komplett aufkommen. Es gibt Versicherer, die trotzdem den kompletten Schaden übernehmen. Zwar hat sich die gesetzliche Lage hier für Verbraucher durch das neue Versicherungsvertragsgesetz (siehe Seite 20) schon deutlich gebessert, doch ohne dieses Extra der Kaskoversicherung bleibt zumindest ein Teil des Schadens bei grober Fahrlässigkeit vom Versicherer unersetzt.

Erweiterter Wildschaden: Der Versicherer zahlt nicht nur für Zusammenstöße mit Haarwild – also etwa mit einem Reh –, sondern auch für Zusammenstöße mit anderen Säugetieren, Vögeln oder Wirbeltieren oder auch mit allen Tieren.

Auslandsfahrten unter Umständen ein Problem

Wenn die Versicherungsnehmer mit ihrem Wagen ins Ausland fahren, genießen sie auch den Schutz der Kaskoversicherung. Doch es gibt einige Versicherer, die den Geltungsbereich der Versicherung einschränken und zum Beispiel sagen, dass der Diebstahlschutz in bestimmten Regionen Europas nicht greift. Das sollten Fahrer vor der Reise klären und in den Vertragsbedingungen nachschauen.

Mietet ein Versicherter im Ausland ein Auto und verursacht dann einen Unfall, genießt er zwar Schutz über die Mietwagenversicherung. Je nach Reiseland können die Versicherungsleistungen allerdings so niedrig sein, dass sie womöglich nicht ausreichen, um einen schweren Schaden zu decken. Urlauber, die in ihrer Kfz-Haftpflichtversicherung die sogenannte Mallorca-Police mit eingeschlossen haben, entgehen diesem Problem: Mit der Police, die nicht nur auf Mallorca gilt, haben sie auch für Mietwagen im Ausland höhere Deckungssummen. In sehr günstigen Haftpflichttarifen kann dieser Schutz fehlen. Dann lohnt es sich, vor der Reise mit dem Versicherer zu sprechen, unter welchen Bedingungen das Extra mit abgeschlossen werden kann.

Wechseln: Wann und wie?

Verträge für die Autoversicherung laufen in der Regel für ein Jahr. Wird der Vertrag nicht gekündigt, verlängert er sich automatisch um ein weiteres Jahr. Da das Versicherungsjahr in der Regel dem Kalenderjahr entspricht, ist die reguläre Kündigung bei den meisten Verträgen zum Jahresende möglich. Es gilt eine Kündigungsfrist von einem Monat. Daher ist der 30. November immer ein entscheidender Stichtag für wechselwillige Kunden in der Autoversicherung. Bis dahin muss das Kündigungsschreiben beim Versicherer sein (mehr zum Thema Kündigung Seite 37).

Kunden haben aber auch ein außerordentliches Kündigungsrecht: Wenn der Versicherer den Beitrag erhöht, ohne gleichzeitig die Leistung zu verbessern, können sie binnen eines Monats nach Mitteilung der Beitragserhöhung zu dem Zeitpunkt aus ihrem Vertrag aussteigen, zu dem die Erhöhung wirksam werden soll. Außerordentlich kündigen können sie auch, wenn sie Leistungen des Versicherers nach einem

Schaden in Anspruch genommen haben. Wer günstigeren Schutz für sein Fahrzeug sucht, muss unter Umständen aber auch nicht gleich den Versicherer wechseln. Oft lohnt es sich, einfach mal beim jetzigen Anbieter nachzufragen, ob es noch eine Möglichkeit gibt, sich günstiger abzusichern – etwa über einen anderen Tarif –, oder ob ein zusätzlicher Rabatt drin ist. Die Versicherer zeigen hier durchaus Gesprächsbereitschaft, wenn sie dadurch eine Kündigung vermeiden können.

ZUSÄTZLICHE VERTRÄGE FÜR DAS AUTO

Haftpflicht- und Kaskoschutz bilden die Basis für die Autoversicherung. Darüber hinaus bieten die Versicherer noch mehr an, etwa einen Schutzbrief für das Auto. Hier gibt es dann zum Beispiel besonderen Service und Unterstützung bei einer Panne, der Versicherer kümmert sich um die organisatorischen Details und den Abschleppdienst. So ein Angebot kann sich lohnen. Vor Abschluss sollten Kunden allerdings genau prüfen, ob sie das Extra brauchen und ob sie es nicht womöglich bereits anderweitig abgeschlossen haben – zum Beispiel über eine Mitgliedschaft in einem Verkehrsclub.

Insassen- und Fahrerunfallversicherung

Unter den weiteren Verträgen für das Auto ist eine Insassenunfallversicherung auf jeden Fall überflüssig. Über diese Police sollen die Mitfahrer geschützt werden, wenn der Fahrer einen Unfall verursacht. Da für Schäden der Beifahrer aber sowieso die Kfz-Haftpflichtversicherung aufkommt, wenn der Fahrer einen Unfall verursacht, ist eine zusätzliche Insassenunfallversicherung nicht notwendig.

Wenn der Fahrer selbst bei einem von ihm verursachten Unfall verletzt wird, kommt seine Kfz-Haftpflichtversicherung aber nicht dafür

INFO Mit dem Auto ins Ausland

Einige zusätzliche Besonderheiten sollten Reisende beachten, die mit dem eigenen Wagen im Ausland unterwegs sind:

Grüne Versicherungskarte: Diese sollten Sie auf Auslandsreisen immer dabeihaben. In vielen Ländern ist die Karte zwar nicht mehr für die Einreise vorgeschrieben – in manchen Ländern aber doch. Und selbst wenn sie keine Pflicht ist, sollten Sie sie mitnehmen, denn in kritischen Situationen dient sie Ihnen als Nachweis, dass Sie tatsächlich in Deutschland versichert sind.

Europäischer Unfallbericht: Auch er gehört mit ins Reisegepäck. Wenn etwas passiert, können Sie ihn nutzen, um mit einem Unfallgegner die erforderlichen Daten aufzunehmen und abzugleichen. So haben Sie gleich einen Leitfaden zur Hand und vergessen nicht die wichtigsten Informationen. Beides bekommen Sie kostenlos bei Ihrem Versicherer.

Auslandsschadenschutzpolice: Sie sorgt dafür, dass Sie bei einem unverschuldeten Unfall im Ausland besseren Schutz genießen. Denn wenn jemand Sie schädigt, springt die gegnerische Versicherung zwar für den Schaden ein. Doch womöglich zahlt sie nicht genug. Denn die Deckungssummen im Ausland sind zum Teil deutlich niedriger als hierzulande. Mit der Auslandsschadenschutzpolice als Ergänzung zu Ihrer Kfz-Haftpflichtversicherung werden Sie so gestellt, als ob Ihr Gegner nach deutschem Standard versichert wäre. Es gelten somit höhere Deckungssummen. Dieser Zusatzschutz ist in wenigen Kfz-Tarifen bereits im Grundpreis enthalten – unter Umständen können Sie ihn zusätzlich zu Ihrem aktuellen Vertrag noch abschließen. Je nach Versicherer kann das ab etwa 20 Euro extra im Jahr kosten.

Was tun nach Unfall im Ausland? Nach einem Auslandsunfall wenden Sie sich am besten an den Schadenregulierungsbeauftragten des ausländischen Versicherers. Wer zuständig ist, erfahren Sie beim Zentralruf der Autoversicherer unter Tel. 018 02/50 26 (6 Cent pro Minute aus dem deutschen Festnetz).

auf. Für so einen Fall kann sich eine Fahrerunfallversicherung lohnen. Allerdings ist es in der Regel günstiger, eine Unfallversicherung abzuschließen, die bei sämtlichen Unfällen – also nicht nur bei einem Unfall als Fahrer – zahlt. Wenn ein Fahrer sowieso schon eine private Unfallversicherung hat, braucht er nicht weiter über ein solches Produkt nachzudenken.

Verkehrsrechtsschutz: Unterstützung vom Anwalt

Sinnvoll ist hingegen eine Verkehrsrechtsschutzversicherung. Gerade nach einem Autounfall kann es schwierig werden, all seine Rechte durchzusetzen. Womöglich sind es nicht nur Sachschäden, sondern der Fahrer oder jemand anders wurde verletzt. Egal ob unverschuldet oder selbst verschuldet: Wenn es gekracht hat, ist der Schock meist sehr groß. Dann kann es helfen, einen Anwalt zu haben, der sich um alles Weitere kümmert. Die Verkehrsrechtsschutzversicherung trägt die Kosten für den Rechtsanwalt und eventuell für eine Gerichtsverhandlung.

Die Verkehrsrechtsschutzversicherung zahlt im Übrigen auch, wenn der Versicherte nicht in Deutschland, sondern im Ausland in einen Unfall verwickelt wird. Der Schutz gilt auf Urlaubsreisen in Europa und den außereuropäischen Gebieten, die zur Europäischen Wirtschaftsgemeinschaft gehören. Regionale Einschränkungen oder zeitliche Begrenzungen sind aber möglich. Außerdem zahlt ein Teil der Versicherer nur, wenn es sich um Urlaubsreisen, nicht aber um beruflich bedingte Reisen handelt.

Wer eine solche Rechtsschutzversicherung hat, hat den Vorteil, dass er sich nach einem Unfall im Ausland auf Kosten des Versicherers einen Anwalt vor Ort nehmen kann, der sich mit den Gesetzen im Reiseland auskennt und dort die Rechte vertritt. Früher war es immer so, dass ein Unfallopfer seine Rechte gegen einen gegnerischen Versicherer bei einem Gericht vor Ort durchsetzen musste. Der Europäische Gerichtshof hat vor einigen Jahren aber klargestellt, dass die Klage auch vor dem Gericht am Wohnort des Geschädigten möglich ist, wenn sie sich gegen einen innerhalb der EU ansässigen Versicherer richtet (Az. C-463/06).

SCHUTZ AUF REISEN

Egal, ob Ruheständler mit dem Auto unterwegs sind, in den Süden fliegen oder sich eine Kreuzfahrt gönnen: Mancher Versicherungsschutz gehört auf jeden Fall mit in das Reisegepäck, sonst kann aus dem Urlaubsvergnügen schnell ein finanzieller Albtraum werden.

Nicht ohne Auslandsreise-Krankenversicherung

Absolutes Pflichtprogramm ist der Schutz einer Auslandsreise-Krankenversicherung. Diese sollten Urlauber egal welchen Alters auf jeden Fall abschließen, wenn sie in Deutschland in einer gesetzlichen Krankenkasse versichert sind. Auch als Privatversicherter kann ein Extravertrag notwendig werden.

Kassenpatienten benötigen den Schutz, da sie sonst riskieren, auf möglichen Behandlungskosten im Ausland komplett oder zumindest zum Teil sitzen zu bleiben. Denn die gesetzlichen Krankenkassen zahlen bei Reisen außerhalb der EU und in Länder, mit denen Deutschland kein Sozialversicherungsabkommen hat, keinerlei medizinische Behandlungskosten. Und selbst innerhalb der EU kann es sein, dass die Kasse nicht alle Ausgaben trägt. Wenn der behandelnde Arzt zum Beispiel einen privaten Versicherungssatz abrechnet, kommt die Kasse nicht für alle Kosten auf – die Differenz würde nur die private Zusatzversicherung zahlen.

Wird es nötig, dass ein Urlauber bei einer Erkrankung im Ausland sogar nach Deutschland zurücktransportiert werden muss, zahlt die Krankenkasse dafür weder innerhalb noch außerhalb der EU. So ein Rücktransport kann je nach Reiseland und Schwere der Erkrankung schnell einige Zehntausend Euro kosten. Diese Kosten würde ebenfalls nur ein privater Versicherer übernehmen.

SCHUTZ SCHON AUS ANDEREM VERTRAG?

Wenn Sie eine private Krankenzusatzversicherung haben – zum Beispiel für Brillen, Heilpraktikerbehandlung und Zahnersatz – kann es sein, dass auch der Auslandsreiseschutz bereits integriert ist. Dann benötigen Sie keinen zusätzlichen Vertrag.

KOMPASS **Auslandsreise-Krankenversicherung**

Was zahlt sie? Der Versicherer kommt für medizinisch notwendige Behandlungen während einer Auslandsreise auf. Das gilt zum Beispiel für Arztbesuche, Medikamente, Krankenhausaufenthalte oder Zahnarztbesuche. Auch die Ausgaben für einen Rücktransport nach Deutschland zahlt der Versicherer.

Wer braucht sie? Auf jeden Fall alle, die gesetzlich krankenversichert sind und ins Ausland reisen. Privatversicherte sollten vor der Reise mit ihrem Versicherer klären, ob er einen Rücktransport zahlt. Wenn nicht, sollten auch sie einen separaten Vertrag abschließen.

Was kostet sie? Sehr guten Schutz können auch Reisende über 60 schon für unter 10 Euro im Jahr bekommen. Der Preis gilt für ein Jahr für sämtliche Auslandsreisen, die nicht länger als sechs bis acht Wochen dauern. Häufig ist der Schutz für Aufenthalte in den USA oder Kanada teurer als in anderen Ländern. Für längere Auslandsaufenthalte ist ein spezieller Schutz für lange Reisen notwendig (siehe Seite 163).

Selbst als Privatversicherter kann es notwendig sein, dass die Kunden noch einen Extravertrag für die Reise abschließen. Sie genießen zwar in den ersten vier Wochen eines Auslandsaufenthalts in der Regel auf jeden Fall den Schutz für medizinisch notwendige Behandlungen – innerhalb der EU sogar länger. Der Krankenrücktransport ist aber auch hier nicht immer eingeschlossen.

Medizinisch notwendige Leistungen werden bezahlt

Eine Auslandsreise-Krankenversicherung kommt für alle medizinisch notwendigen Behandlungen im Ausland auf – von der Notfallversorgung beim Allgemeinmediziner über schmerzstillende Behandlungen beim Zahnarzt bis hin zu schwerwiegenden Operationen. Eine Voraussetzung ist aber, dass die medizinische Behandlung nicht Anlass der Reise gewesen ist. Die Versicherung zahlt also zum Beispiel nicht für

eine geplante Zahnbehandlung, für die sich ein Patient bewusst entschieden hat, da die Behandlung im Ausland günstiger ist. Vom Schutz der Versicherung ausgeschlossen sind außerdem zum Beispiel Ausgaben für Kuren, Massagen, Reha-Maßnahmen oder Heilmittel.

Das Angebot an Auslandsreise-Krankenversicherungen ist in den letzten Jahren deutlich besser geworden, denn viele Versicherer haben an den Klauseln in ihren Versicherungsbedingungen gefeilt. Dennoch gibt es einige Knackpunkte, auf die die Kunden vor Vertragsabschluss achten sollten: Wie geht der Versicherer zum Beispiel mit Vorerkrankungen um? Gibt er in den Versicherungsbedingungen vor, dass er nur für Behandlungen zahlt, wenn die Erkrankung „plötzlich" oder „unvorhergesehen" eingetreten ist? Oder verzichtet er auf eine solche Einschränkung? Wenn er darauf verzichtet, ist das für den Urlauber natürlich von Vorteil. Es lohnt sich also, auch das Kleingedruckte in so einem Vertrag zu lesen. Oder: Unter welchen Voraussetzungen trägt er die Kosten für einen Krankenrücktransport? Erst wenn dieser medizinisch notwendig ist, oder auch schon wenn der Rücktransport medizinisch „sinnvoll" und „vertretbar" ist?

Der Weg zum passenden Vertrag

Eigentlich ist die Auslandsreise-Krankenversicherung ein sehr günstiges Produkt, das es schon für weniger als 10 Euro im Jahr gibt. Für ältere Urlauber kann sie aber doch teurer werden. Denn der Preis richtet sich nach dem Alter der Versicherten. So zahlt beispielsweise ein 70-jähriger Mann für einen Jahresvertrag mit sehr guten oder guten Vertragsbedingungen zwischen knapp 15 und 75 Euro. So ein Jahresvertrag reicht für viele Kunden aus. Damit können sie jedes Jahr so häufig wie sie wollen verreisen. Nur die maximale Aufenthaltsdauer je

Auslandsreise ist begrenzt. Viele Versicherer legen fest, dass eine Reise maximal 42 oder 56 Tage dauern darf, nur wenige gehen darüber hinaus. Wollen Urlauber länger verreisen und zum Beispiel in Spanien überwintern, benötigen sie einen speziellen Auslandsreise-Krankenschutz für längere Reisen (siehe Seite 163).

Häufig verlängern sich die Jahresverträge direkt wieder, wenn sie nicht gekündigt werden. Die Kündigung ist zum Ende des Versicherungsjahres mit einer Frist von einem Monat – bei älteren Verträgen von drei Monaten möglich. Das Versicherungsjahr kann dem Kalenderjahr entsprechen, oder es beginnt mit dem Datum des Vertragsabschlusses.

AUF JAHRESSTUFEN ACHTEN!
Häufig setzen die Versicherer unterschiedliche Altersstufen fest, mit denen sich die Preise erhöhen. Bei einem Versicherer zahlen Kunden zwischen 60 und 69 vielleicht noch denselben Preis, während andere Anbieter schon bei 65 eine neue Preisstufe setzen. Ein Preisvergleich kann damit sogar Vorteile von mehr als 50 Euro bringen.

Wichtige Reisevorbereitung

Um es im Ernstfall gar nicht erst zu Konflikten um die Leistung des Versicherers kommen zu lassen, sollten sich ältere Urlauber trotz Versicherungsvertrag gut auf die Reise vorbereiten. Wenn sie beispielsweise erst vor kurzem eine Krankheit hinter sich gebracht haben oder einfach um generell sicherzugehen, sollten sie sich von ihrem Arzt die Reisefähigkeit schriftlich bestätigen lassen. Dann können sie dem Versicherer etwas vorlegen, falls dieser die Leistung aufgrund vorheriger Erkrankungen verweigert.

Besonders schwierig kann der Umgang mit dem Versicherer werden, wenn Reisende an einer chronischen Krankheit wie beispielsweise Diabetes oder Asthma leiden. Das sollten sie dem Auslandsreise-Krankenversicherer mitteilen. Dieser wird dann zwar vor der Reise den Versicherungsschutz für medizinische Behandlungen, die infolge dieser chronischen Vorerkrankung entstehen, verweigern. Aber in diesem Fall muss doch die gesetzlichen Krankenkasse für mögliche Be-

TIPP **Was tun, wenn im Ausland ärztliche Hilfe nötig ist?**

Wenn Sie im Ausland zum Arzt müssen, melden Sie sich schnellstmöglich bei Ihrem Versicherer. Die Anbieter betreiben Service-Hotlines, wo Sie zur Not auch Hilfe bei der Ärztesuche bekommen. Klären Sie mit dem Versicherer, wie Sie weiter vorgehen müssen, welche Belege Sie benötigen und was auf der Arztrechnung stehen muss, wenn Sie im Ausland behandelt werden. Bei schwerwiegenden Erkrankungen und Verletzungen, die auch einen Krankenhausaufenthalt erfordern, ist es umso wichtiger, mit dem Versicherer zu sprechen. Die Versicherer selbst arbeiten mit Ärzten zusammen, nehmen Kontakt zu den behandelnden Ärzten vor Ort auf und klären ab, welches weitere Vorgehen medizinisch sinnvoll oder auch notwendig ist.

handlungen dieser Krankheit im Ausland aufkommen – selbst wenn es sich um eine Reise in ein Land außerhalb der EU handelt.

Am besten gehen die Betroffenen zu ihrer Krankenkasse und legen dort die Bestätigung vor, für welche Erkrankung sie keinen privaten Versicherungsschutz erhalten. Dann springt die Kasse ein – allerdings längstens für sechs Wochen und maximal in Höhe der Kosten, die sie auch in Deutschland übernehmen würde. Das ist zwar je nach Reiseland – Beispiel USA – unter Umständen zu wenig, aber immer noch besser als keinerlei Versicherungsschutz. Die Krankenkasse sollte vor der Abreise schriftlich bestätigen, für die Behandlung welcher Erkrankung sie im Ernstfall aufkommen würde.

Reiserücktrittsversicherung: Die Reise fällt aus

Eine Reiserücktrittsversicherung ist nicht so unverzichtbar wie eine Auslandsreise-Krankenversicherung, doch unter bestimmten Voraussetzungen ist auch sie extrem hilfreich. Nehmen wir folgende Situation: Ein 67-jähriger Mann und seine 65-jährige Gattin haben jahrelang gearbeitet und wollen sich nun endlich etwas gönnen – eine dreiwöchige Kreuzfahrt entlang der südamerikanischen Küste. Selbst der

Arzt hat ihnen ihre Reisetauglichkeit bestätigt, doch dann rutscht die Frau zwei Tage vor dem Abflug aus, bricht sich das Bein und muss ins Krankenhaus. Aus der Traum vom Urlaub auf hoher See.

Muss eine Reise kurzfristig storniert werden, sind leicht mehrere Tausend Euro einfach weg – es sei denn die Urlauber haben eine Reiserücktrittsversicherung abgeschlossen. Sie trägt die anfallenden Stornogebühren entweder komplett oder nach Abzug einer Selbstbeteiligung, wenn die Versicherten beispielsweise aufgrund einer kurzfristigen Erkrankung ihren Urlaub nicht antreten können.

Was die Versicherung zahlt

Die Anbieter von Reiserücktrittsversicherungen nennen mehrere Voraussetzungen, unter denen sie bei Nichtantritt der Reise zahlen. Dazu zählen Ereignisse wie schwere Erkrankung oder Unfall, Tod oder auch Elementarschäden am Eigentum. Diese Ereignisse müssen nicht unbedingt der versicherten Person selbst zugestoßen sein, sondern auch bei Ereignissen, die Mitreisende, den Ehepartner, Kinder oder Enkel treffen, kann sie in Anspruch genommen werden, wenn der Urlaub nicht angetreten werden kann. Wenn also die Tochter schwer erkrankt

KOMPASS **Reiserücktrittsversicherung**

Was zahlt sie? Sie übernimmt die Kosten, die im Fall einer Stornierung auftreten – entweder komplett oder abzüglich eines Selbstbehalts. Ursachen für die Stornierung können zum Beispiel eine Krankheit des Versicherten, die Erkrankung eines Angehörigen oder auch ein Todesfall in der Familie sein.
Wer braucht sie? Zwingend notwendig ist sie nicht, doch je nach Reisepreis kann sie sehr sinnvoll sein.
Was kostet sie? Der Preis richtet sich vor allem nach dem Wert der zu versichernden Reise. Liegt der Reisepreis bei 1 500 Euro, müssen Sie mit Kosten von etwa 50 bis 60 Euro rechnen. Alternativ gibt es Jahresverträge, die für Vielreisende interessant sein können.

und die Urlauber deshalb die Reise ausfallen lassen müssen, können sie je nach Vertrag auch Geld bekommen – selbst wenn ihre Tochter gar nicht mit auf die Reise gehen wollte.

Hinzu kommen je nach Anbieter weitere Ereignisse, bei denen unter Umständen eine Leistung möglich ist. Während der Verlust des Arbeitsplatzes als Storno-Grund eher für jüngere Reisende von Interesse sein dürfte, könnte für ältere Reisende zum Beispiel eine Klausel zum Umgang mit einer „gebrochenen Prothese" interessant sein. Wenn sie etwa ein neues Hüftgelenk haben und dies bricht kurz vor der Reise, gilt das eigentlich nicht als „schwere Erkrankung", für die die Reiserücktrittsversicherung einspringen müsste. Es gibt Anbieter, die trotzdem zahlen.

Der Preis der Versicherung richtet sich in erster Linie nach dem Wert der geplanten Reise. Bei einem Reisepreis bis zu 3 000 Euro müssen Urlauber mit Kosten für die Versicherung von etwa 100 Euro rechnen. So viel verlangen viele Versicherer altersunabhängig, bei manchem Anbieter zahlen aber Reisende ab 65 oder über 70 mehr als jüngere Urlauber.

Wer sich für eine solche Versicherung interessiert, kann entweder einzelne Reisen separat schützen, er kann aber auch einen Jahresvertrag abschließen. Das kann sich zum Beispiel lohnen, wenn Reisefreudige mehrmals im Jahr kleinere Touren machen wollen.

Reiseabbruch versichern

Viele Versicherer springen auch noch ein, wenn während des Aufenthalts etwas passiert und die Reise abgebrochen werden muss: Wenn ein Rentnerpaar also auf Kreuzfahrt geht und diese nach der Hälfte der Tour wegen einer schweren Erkrankung ihrer Angehörigen abbrechen muss, bekommt es vom Versicherer einen Ersatz für den Restaufenthalt. Das ist aber nicht bei jedem Anbieter so. Es kann auch sein, dass die Urlauber eine separate Reise-Abbruchversicherung brauchen, um in so einem Fall einen Teil des Geldes erstattet zu bekommen. Diese können Urlauber dann gemeinsam mit der Reiserücktrittsversicherung abschließen, wenn ihnen das wichtig ist. Zwingend notwendig ist das aber nicht.

Das Urlaubspaket: Mehr Policen im Angebot

Wer seine Tour im Reisebüro bucht, wird dort häufig mit der Frage konfrontiert: „Wie steht es mit Versicherungen? Wir haben da etwas im Angebot." An dieser Stelle sollten die Reisenden zwei Dinge beachten: 1. Sie müssen die Versicherungen nicht in dem Reisebüro abschließen, in dem sie gebucht haben. Sie können sich auch separat um den Schutz kümmern und zum Beispiel über das Internet oder bei einem Vertreter vor Ort einen Vertrag abschließen. Und 2. Wenn ein Versicherungspaket angeboten wird, sollten die Urlauber gut prüfen, ob sie all das, was es enthält, wirklich an Schutz benötigen.

Die folgenden Produkte werden gern zusammen angeboten:

Reiseunfallversicherung: Urlauber, die eine private Unfallversicherung haben, können auf speziellen Unfallschutz für den Urlaub verzichten. Der Schutz ihrer Unfallversicherung geht in der Regel zumindest bei vorübergehenden Auslandsaufenthalten von zwei Wochen oder auch zwei Monaten mit auf Reisen.

Reisehaftpflichtversicherung: Auch diesen Schutz können sich Urlauber sparen. Ihre Privathaftpflichtversicherung greift auch bei Urlaubsreisen. Wenn jemand also im Ausland mit dem Fahrrad unterwegs ist und einen Unfall verursacht, kommt seine deutsche Privathaftpflichtversicherung für den Schaden auf.

Reisegepäckversicherung: Auch sie ist überflüssig, und zwar aus mehreren Gründen: Wird Gepäck beschädigt oder gestohlen, zahlt der Versicherer längst nicht in allen Fällen. Außerdem ist der Schutz nicht ganz billig. Zudem genießen Urlauber einen gewissen Auslandsschutz für ihr Gepäck auch über ihre Hausratversicherung, wenn sie denn in Deutschland eine solche Police abgeschlossen haben. Der Versicherer ersetzt bei Auslandsaufenthalten, die in der Regel bis zu drei Monate dauern dürfen, den Schaden bis zu einer Höchstgrenze, wenn sie zum Beispiel auf offener Straße ausgeraubt werden (siehe Seite 106).

SO SCHNELL WIE MÖGLICH INFORMIEREN

Informieren Sie den Versicherer schnellstmöglich, wenn Sie im Ausland einen Unfall haben oder bestohlen werden. Gehen Sie auch zur Polizei. Die Versicherung verlangt eine Polizeimeldung als Beleg.

FINANZEN UND VORSORGE

Für Versicherungsvermittler ist der Verkauf einiger Verträge mit Blick auf die Provision besonders attraktiv: Er preist Ihnen zum Beispiel eine Ausbildungsversicherung für Ihren Enkel an, eine Kapitallebensversicherung oder eine Sterbegeldversicherung. Diese Policen sind meist keine gute Wahl. Eine private Rentenversicherung kann sich hingegen unter gewissen Voraussetzungen lohnen.

STICHTAG RENTENBEGINN: AUS VERSICHERUNGSVERTRÄGEN FLIESST GELD

Wer in Rente geht, überlegt zunächst meist nicht, ob er einen neuen Vertrag zum Sparen und Vorsorgen braucht. Vielmehr fragt er sich: „Was wird aus meinen bestehenden Verträgen? Wie viel Geld steht mir aus Verträgen zu, die ich schon vor Jahren zur Altersvorsorge abgeschlossen habe?" Erst wenn frisch gebackene Rentner und Pensionäre darüber einen Überblick haben, sollten sie sich Gedanken machen, was sie mit dem Geld machen und ob gegebenenfalls weitere Versicherungsverträge infrage kommen.

Zu den Versicherungen, von denen sie jetzt profitieren, zählen zum Beispiel die private Rentenversicherung oder eine Riester-Rentenversicherung. Wenn sie diese Policen zu Zeiten der Erwerbstätigkeit abgeschlossen und seither regelmäßig dort Geld eingezahlt haben, fließt mit Beginn des Ruhestands bis ans Lebensende Geld. Die Leistungen aus diesen Verträgen sind damit ein sicheres Zubrot zur gesetzlichen Rente oder zu einer Pension. Der Übergang vom Berufsleben in den Ruhestand hat bei keiner anderen „Gruppe" von Versicherungen eine derartige Bedeutung wie bei den Versicherungen zum Vorsorgen und

Sparen. Während sich beispielsweise bei der Wohngebäudeversicherung oder der Autoversicherung nicht zwingend etwas mit Rentenbeginn ändern muss, ergibt sich bei den Produkten zum Vorsorgen und Sparen in der Regel automatisch ein Bruch: Statt weiter einzuzahlen, beginnt jetzt die Phase, in der der Kunde von seinen Einzahlungen profitiert. Der Versicherer zahlt zu einem vorher festgelegten Zeitpunkt eine größere Summe aus (Kapitallebensversicherung), er zahlt einen Teil der Ersparnisse auf einen Schlag, den Rest als Rente (zum Beispiel Rentenversicherung mit Kapitalwahlrecht), oder er beginnt mit der Verrentung des kompletten Vermögens wie etwa bei einer Riester-Rentenversicherung oder einer normalen privaten Rentenversicherung ohne Kapitalwahlrecht.

Was wird aus dem Geld?

Doch was wird aus dem Geld, das die Versicherer einmalig oder regelmäßig ausschütten? Sollen die Kunden es einfach auf ihrem Girokonto liegen lassen? Sollen sie es sicher zinsbringend anlegen bei der Bank? Oder womöglich in Fonds investieren und ein bisschen mehr riskieren? Um die richtige Entscheidung für den weiteren Weg der Geldanlage und Vorsorge zu wählen, ist spätestens der Rentenbeginn der passende Zeitpunkt für einen persönlichen Kassensturz.

Neurentner sollten nicht nur ihren Versicherungsordner durchstöbern, sondern sich auch einen Überblick über die gesamten finanziellen Möglichkeiten verschaffen:

- Wie viel Geld steht mir monatlich zur Verfügung?
- Welches Vermögen habe ich bisher angespart?
- Zu welchem Zeitpunkt kann ich darüber verfügen?
- Welche regelmäßigen Ausgaben fallen an und welche zusätzlichen Extras wünsche ich mir, um mein Leben so angenehm wie möglich zu gestalten?

Eine Antwort auf diese Fragen ist Voraussetzung für die Entscheidung über die weitere Geldanlage und damit auch für die Entscheidung, ob weitere Versicherungspolicen zum Sparen und Vorsorgen sinnvoll sind. Der Kassensturz zeigt, was abseits der alltäglichen Ausgaben an Investitionen möglich ist, um sich bestimmte Wünsche

erfüllen zu können. Er bringt auch Klarheit darüber, wann und unter welchen Voraussetzungen die Möglichkeit besteht, auf angespartes Geld zuzugreifen. Auch diese Information ist für die weitere Planung der Anlage- und Vorsorgestrategie unverzichtbar.

Auf die Einkommenssituation kommt es an

In welche Richtungen die weitere Strategie auch im Hinblick auf den Abschluss neuer Versicherungsverträge gehen kann, zeigt das folgende Beispiel:

Beispiel: Günter Schuster ist 65 Jahre alt. Er ist nun Rentner und soll in wenigen Tagen 50 000 Euro aus seiner Kapitallebensversicherung ausgezahlt bekommen. Außerdem hat er auf diversen Sparkonten seiner Bank noch ein wenig Geld – für Notfälle.

SITUATION 1: Nach dem Kassensturz weiß Günter Schuster, dass seine gesetzliche Rente sicher reichen dürfte, um den alltäglichen Grundbedarf zu decken. Auf eine zusätzliche lebenslange Einnahme ist er nicht angewiesen.

Stattdessen möchte er sich die Flexibilität bewahren, einfach mal einen Wochenendausflug machen oder ein teures Restaurant besuchen zu können, wenn ihm danach ist. Unter diesen Voraussetzungen ist Herr Schuster gut bedient, wenn er sein Geld flexibel anlegt. Wenn er beispielsweise einen Teil seiner Ersparnisse auf ein Tagesgeldkonto packt, kann er im Notfall darauf zugreifen oder wenn er kurzfristig Geld für einen Wochenendtrip nach Rom benötigt. Den Rest könnte er zum Beispiel sicher in diverse, länger laufende Sparprodukte seiner Bank investieren. Stellt sich heraus, dass er finanziell sehr gut dasteht

und mindestens fünf Jahre auf sein Geld verzichten kann, kommt auch die Investition in Fonds – zum Beispiel in einen Rentenfonds oder einen Mischfonds mit geringem Aktienanteil – noch infrage.
SITUATION 2: Herr Schuster stellt seine Rente den regelmäßigen Ausgaben etwa für Miete, Heizung, Telefon und Lebensmittel gegenüber. Es reicht so gerade, aber wenn der Vermieter seine angekündigte Mieterhöhung in die Tat umsetzt, könnte die gesetzliche Rente dafür knapp werden. Und wenn dann auch noch Enkelin Kerstin einen monatlichen Zuschuss für das Studium bekommen soll, wäre eine zusätzliche sichere, regelmäßige Einnahmequelle in jedem Fall hilfreich.
Mit diesem Ergebnis und den 50 000 Euro aus der Kapitallebensversicherung kann sich Herr Schuster nun durch eine private Rentenversicherung eine regelmäßige Zusatzeinnahme verschaffen. In dem Fall kommt aber nicht mehr die klassische ansparende Variante der Versicherung infrage, wie sie häufig noch zu Zeiten der Erwerbstätigkeit abgeschlossen wird, sondern eine Sofortrente.

DIE PRIVATE RENTENVERSICHERUNG

Zeigt der private Kassensturz, dass der Grundbedarf für die alltäglichen Ausgaben nicht über die gesetzliche Rente gedeckt werden kann, kommt der Kauf einer Sofortrente gegen Einmalbetrag infrage. In einen solchen Vertrag zahlen Kunden einmalig eine größere Summe ein und können schon kurz danach eine regelmäßige Rentenzahlung kassieren.

Was eine solche Versicherung bringt

Der große Vorteil einer privaten Rentenversicherung zum Beispiel im Vergleich zu manchem Bankprodukt ist, dass der Kunde nicht damit rechnen muss, dass sein investiertes Kapital zu einem bestimmten Zeitpunkt aufgebraucht ist. Der Versicherer muss auch noch zahlen, wenn sein Kunde den 90. oder gar den 100. Geburtstag feiert. Eine private Rentenversicherung rechnet sich jedoch nicht für jeden: Stirbt

KOMPASS **Private Rentenversicherung (Sofortrente)**

Was zahlt sie? Der Versicherer zahlt eine lebenslange Rente, sobald der Kunde eine größere Summe eingezahlt hat.

Wer braucht sie? Niemand braucht sie unbedingt, doch sie ist sinnvoll für diejenigen, die sich eine sichere Zusatzeinnahme sichern wollen oder müssen, um die alltäglichen Ausgaben begleichen zu können.

Was kostet sie? Zahlen Rentner beispielsweise 100 000 Euro in einen Vertrag ein, kann ihnen das eine garantierte Sofortrente von etwa 400 Euro im Monat bringen. Erwirtschaftet der Versicherer Überschüsse, ist eine höhere Auszahlung möglich.

der Versicherte nur wenige Jahre nach Beginn der Rentenzahlung, macht der Versicherer das große Geschäft, weil er bis dahin weniger wieder ausgezahlt hat als eingezahlt wurde.

Die Leistungen einer privaten Rentenversicherung unterteilen sich in Garantierente und Überschussbeteiligung. Die garantierten Renditen sind häufig eher mäßig. Derzeit zahlen die Versicherer einen Garantiezins von 2,25 Prozent. Diesen Zinssatz gibt es aber nicht für sämtliche geleisteten Beiträge, sondern nur für das, was nach Abzug von Abschluss- und Verwaltungskosten übrig bleibt. Da die Versicherer mit unterschiedlichen Ausgaben für Verwaltung und Abschluss kalkulieren, ergeben sich auch unterschiedliche Garantierenten. Anhand dieser Renten sollten Interessenten vor Vertragsabschluss mehrere Angebote vergleichen. Je nach Anbieter und je nachdem, was der Kunde zusätzlich noch vereinbart, um beispielsweise die Angehörigen mit abzusichern (siehe zum Beispiel Rentengarantiezeit Seite 152), kann eine Einzahlung von 100 000 Euro für einen 65-jährigen Mann deutlich über 400 Euro monatliche Rente bringen.

Bei dieser Garantierente muss es allerdings nicht bleiben. Interessant wird die Rentenversicherung in erster Linie durch das, was der Kunde darüber hinaus bekommt: Der Versicherer muss den Kunden an den Überschüssen beteiligen, die er am Kapitalmarkt erzielt. Die

Höhe dieser Überschussbeteiligung hängt wiederum stark davon ab, wie erfolgreich der Versicherer die Beiträge angelegt hat.

Insgesamt bleibt es trotz der Überschussbeteiligung aber dabei, dass sich die private Rentenversicherung nur für diejenigen lohnt, die besonders alt werden. Berechnungen der Stiftung Warentest haben vor einigen Jahren ergeben, dass der Versicherte bei guten Angeboten mindestens 21 Jahre lang die garantierte private Rente beziehen muss, um sein eingezahltes Kapital komplett wieder herauszubekommen. Bei Frauen sind es sogar 22 Jahre, da die Versicherer bei ihnen eine längere Lebenserwartung voraussetzen und deshalb eine geringere Rente zahlen. Erwirtschaftet der Versicherer gute Überschüsse, wirkt sich das auch auf die Höhe der Rentenzahlung aus, sodass der Kunde schon etwas früher sein eingezahltes Kapital vollständig herausbekommt.

Für die Auszahlung der Renten sollte sich der Kunde für die „volldynamische Variante" entscheiden. Dann muss er keine Kürzungen befürchten, wenn die Überschüsse einbrechen oder die Unternehmen

INFO **Private Rentenversicherung und Steuern**

Gegenüber dem Finanzamt kann die private Rentenversicherung attraktiv sein. Für die Leistungen gilt meist ein niedrigerer Steuersatz als etwa für Zinsen eines Banksparplans. Die Steuer auf eine private Rente ist abhängig vom Alter des Versicherten bei Rentenbeginn. Wer sie erstmals mit 65 Jahren bezieht, muss nur auf 18 Prozent dieser Rente Steuern zahlen. Ist der Versicherte erst 60 Jahre, sind es 22 Prozent. Das ist immer noch ein günstigerer Steuersatz als für Zinsen. Dieser beträgt seit Anfang 2009 einheitlich 25 Prozent.

Wichtig zu wissen: Egal ob Privatrente oder Zinsen aus dem Sparbrief – es kann sein, dass gar keine Steuern auf diese Kapitalerträge fällig werden. Bei vielen Rentnern ist das Gesamteinkommen so gering, dass sie ihre Kapitalerträge und Zusatzrenten komplett steuerfrei kassieren können.

sie wegen weiter steigender Lebenserwartung senken. Hat der Versicherer hingegen eine gute Anlagestrategie parat, kann die Rente im Laufe der Jahre sogar kontinuierlich ansteigen. Dann kann der Versicherte seinen Lebensstandard trotz Inflation sichern.

Die Angehörigen absichern

Die lebenslange Sicherheit ist der entscheidende Vorteil einer Rentenpolice. Doch es gibt auch beachtliche Nachteile.

Fehlende Flexibilität: Das Geld, das im Vertrag steckt, ist zunächst einmal weg, der Versicherte kommt abgesehen von den vereinbarten Rentenzahlungen meist nicht so einfach wieder heran. Einige Versicherer bieten den Kunden zwar auch die Möglichkeit, vorzeitig Kapital aus dem Vertrag zu ziehen, wenn sie eine Todesfallleistung wie zum Beispiel eine Beitragsrückgewähr vereinbart haben. Hat ein Versicherter diese Option, kann er sich maximal den Betrag auszahlen lassen, den seine Angehörigen zu diesem Zeitpunkt im Falle seines Todes erhalten würden. Schöpft er diese Summe aus, endet die Rentenzahlung damit häufig. Diese Option kostet Geld – nicht erst, wenn der Kunde sie in Anspruch nimmt, sondern er bezahlt auch allein schon die Tatsache, dass er sich diese Möglichkeit einräumen lässt: Seine Rente fällt geringer aus.

Deshalb empfiehlt sich vor Vertragsabschluss die genaue Rechnung, wie viel Vermögen am besten in eine solche private Rentenversicherung fließen soll. Der Kunde sollte nur so viel in den Vertrag investieren, wie er als sichere Zusatzeinnahme benötigt, um seinen finanziellen Grundbedarf wie etwa für Miete oder den Unterhalt des Hauses, für Lebensmittel oder Krankenversicherung decken zu können. Für das restliche Vermögen ist es besser, flexiblere Geldanlagen zu wählen. Wer seine Ersparnisse beispielsweise auf ein Tages- oder ein Festgeldkonto packt, kann kurzfristiger über die Mittel verfügen und damit besser auf unerwartete Engpässe reagieren und sich etwa eine neue Waschmaschine leisten, wenn dies nötig wird.

Die fehlende oder geringe Absicherung der Angehörigen: Über eine Rentenversicherung ist zunächst nur derjenige abgesichert, der den Vertrag abschließt. Stirbt er, gehen die Angehörigen leer aus, es sei denn, der Kunde hat eine Rentengarantie vereinbart und diese ist noch nicht abgelaufen.

Beispiel: Carsten Schäfer schließt 2010 eine private Rentenversicherung mit einer Rentengarantiezeit von zehn Jahren ab. Er stirbt 2013. In dem Fall wird die Rente noch bis 2020 an seine Angehörigen weiter ausgezahlt. Wer eine solche Leistung mit abschließt, muss dafür jedoch extra zahlen, sodass die monatliche Rente etwas geringer ausfällt. Die Versicherer bieten in der Regel Rentengarantiezeiten zwischen fünf und 20 Jahren an.

Eine Alternative für die Absicherung der Angehörigen ist, mit dem Versicherer eine Beitragsrückgewähr zu vereinbaren. Stirbt der Kunde, überweist das Versicherungsunternehmen den Erben die Summe, die nach Abzug der bisherigen Auszahlungen und sämtlicher Kosten übrig geblieben ist. Bei einer ansparenden Rentenversicherung, die bereits vor dem Rentenalter vereinbart wurde, empfiehlt es sich, für die Ansparphase eine Beitragsrückgewähr zu vereinbaren. Bei einer Sofortrente, bei der die Ansparphase ja wegfällt und gleich eine größere Summe eingezahlt wird, sollten Versicherte auf eine Beitragsrückgewähr jedoch eher verzichten. Sie müssten zu starke Abzüge bei der Garantierente hinnehmen.

TIPP **Bedarf für Angehörige frühzeitig berechnen**

Zum Kassensturz gehört unbedingt auch die Frage: Wie viel Geld steht einem Ehe- oder Lebenspartner zu, falls der andere Partner stirbt? Ehepaare können für diese Berechnung die Witwenrente berücksichtigen, die bei bis zu 60 Prozent der Altersrente des Verstorbenen liegen kann. Unverheiratete Partner bekommen hingegen nichts aus der gesetzlichen Rentenversicherung. Außerdem haben sie keine Erbansprüche, wenn der Partner dies nicht etwa mittels eines Testaments geregelt hat.

Alternativen von Bank und Fondsgesellschaft

Wer sich eine „Zusatzrente" sichern möchte, findet unter den Angeboten von Banken und Fondsgesellschaften Alternativen zum Versicherungsvertrag:

Bankauszahlplan: In diesem Fall investiert ein Sparer einmalig eine größere Summe in ein solches Angebot der Banken und bekommt anschließend regelmäßig Geld ausgezahlt. Zwischen Kunde und Bank werden eine bestimmte Laufzeit und ein Zinssatz festgelegt. Je nach Angebot bekommt der Kunde nur seine Zinsen ausgezahlt, sodass am Ende der Laufzeit die eingezahlte Summe noch erhalten ist, oder er verzehrt sein Kapital mit. In dem Fall wäre beispielsweise nach zehnjähriger Laufzeit das gesamte Kapital samt Zinsen aufgebraucht.

Je nach Zinssituation kann ein solcher Auszahlplan attraktiv sein. Nachteil ist aber in jedem Fall, dass eine Kündigung oft nicht möglich ist. Die monatliche Auszahlung kann nicht einfach erhöht werden, wenn eine kurzfristige Investition notwendig ist. Vor dem Ende der vereinbarten Laufzeit kommt der Kunde in der Regel nicht an sein Geld heran, wenn er es benötigt. Allerdings gelten diese Nachteile auch für einen Rentenversicherungsvertrag.

Fondsentnahme: Eine weitere Variante einer Zusatzrente wäre ein Fonds-Entnahmeplan. Der Anleger investiert in Fonds und verkauft Anteile davon in bestimmten Abständen, um sich eine Zusatzeinnahme zu sichern. Möglich wäre, zum Beispiel jeden Monat so viele Anteile zu verkaufen, wie nötig sind, um 300 Euro Zusatzrente zu erzielen. Diese Variante ist allerdings nicht optimal: Stehen die Kurse an den Börsen schlecht, muss der Anleger mehr Anteile verkaufen als eigentlich gewünscht, um die 300 Euro zusätzlich zu erreichen. Die Gefahr ist groß, dass das Vermögen schneller verbraucht ist als geplant. Besser wäre, wenn der Anleger nicht zu einem bestimmten Zeitpunkt eine feste Summe benötigt, sondern wenn er finanziell so flexibel ist, dass er erst zu den Zeitpunkten verkaufen kann, in denen die Kurse wieder besser stehen.

So oder so: Nachteil der Fonds-Entnahme ist das damit verbundene Risiko. Um sich eine sichere Zusatzeinnahme zu schaffen, kommt die Fonds-Entnahme nicht infrage. Sie kann sich aber für diejenigen lohnen, die ausreichend abgesichert sind, sodass sie mögliche Kursverluste verkraften können.

KAPITALLEBENSVERSICHERUNG: NICHT NEU ABSCHLIESSEN

Es ist nicht auszuschließen, dass geschäftstüchtige Versicherungsvermittler die Chance nutzen wollen, Rentnern eine Kapitallebensversicherung zu verkaufen. Diese sollten davon die Finger lassen. Denn erstens gilt: Je später der Vertrag abgeschlossen wird, desto teurer wird der Hinterbliebenenschutz. Und zweitens.: Es gibt andere, sichere Formen der Geldanlage, für die deutlich geringere oder gar keine Abschlusskosten anfallen.

Sollte ein Vermittler mit dem Angebot einer Kapitallebensversicherung vor der Tür stehen, sollten die Kunden sich deshalb nicht von womöglich angepriesenen Vorteilen wie den folgenden Argumenten blenden lassen:

Steuervorteil: „Sie zahlen regelmäßig ein und sparen sich dann die Steuern. Kapitallebensversicherungen sind nicht von der Abgeltungsteuer betroffen." Das stimmt zwar, aber bleibt gerade für viele Ruheständler ohne große Auswirkungen. Während für Zinsen oder Erträge aus Wertpapieren ein pauschaler Steuersatz von 25 Prozent fällig wird, liegt die Steuerbelastung für Erträge aus Kapitallebensversicherungen niedriger, wenn der Vertrag mindestens zwölf Jahre lief. Aber: Viele Rentner müssen auch für Zinsen und andere Kapitalerträge gar nicht die vollen 25 Prozent zahlen. Je nach Gesamteinkommen kann es sogar sein, dass gar keine Steuern für Kapitalerträge anfallen.

Bequemlichkeit: „Sie entscheiden sich einmal, zahlen regelmäßig ein und müssen sich sonst um nichts kümmern." Das stimmt zwar, ist aber auch bei anderen Produkten der Fall. Wer weiter sparen will, kann zum Beispiel zu seiner Bank gehen und dort einen Sparplan abschließen. Je nach vereinbarter Laufzeit haben die Kunden dort auch für einige Zeit Ruhe. Und sie sind flexibler – zumindest, wenn sie ein Angebot wählen, bei dem sie die Höhe ihrer Einzahlungen variieren oder die Zahlungen gleich ganz aussetzen können.

Absicherung der Angehörigen: „Sie können Ihre Partnerin als Bezugsberechtigte einsetzen, sodass sie nicht mit leeren Händen dasteht, wenn Ihnen etwas passiert." Das stimmt natürlich, doch es gibt auch andere Möglichkeiten, die Partnerin oder den Partner – mit oder ohne Trauschein – abzusichern. Sie können zum Beispiel einen Teil des Geldes auf den Namen des Partners anlegen. Gerade für unverheiratete Paare ist es außerdem wichtig, ein Testament zu machen und dort klarzustellen, wer was bekommen soll.

STERBEGELDVERSICHERUNG: SPÄTER ABSCHLUSS NICHT ZU EMPFEHLEN

„Wollen Sie, dass Ihre Kinder für Ihre Beerdigung zahlen müssen oder dass sich Ihre Familie wegen der Beerdigungskosten streitet?" Werbeexperten machen sich die Tatsache, dass wir alle einmal sterben müssen und dies mit Kosten verbunden ist, gern zunutze, und private Versicherer und Sterbekassen haben eine Antwort parat – die Sterbegeldversicherung.

Doch so verlockend es auch klingen mag, mit einer solchen Police Streit und finanzielle Engpässe der Angehörigen zu vermeiden, kann der entscheidende Rat nur heißen: Schließen Sie keine Sterbegeldversicherung ab, wenn Sie bereits 65 Jahre oder älter sind. Eine Untersuchung der Stiftung Warentest hat vor einiger Zeit ergeben, dass von

KOMPASS **Sterbegeldversicherung**

Was zahlt sie? Mit dem angesparten Geld soll die eigene Beerdigung finanziert werden.

Wer braucht sie? Von denjenigen, die bereits im Ruhestand sind, benötigt niemand einen neuen Vertrag. Es gibt günstigere Alternativen, um die Kosten für die Beerdigung anzusparen.

Was kostet sie? Je nachdem, wann mit der Einzahlung begonnen wird, zum Beispiel etwa 25 bis 30 Euro für eine 65-jährige Frau und etwa 30 bis 40 Euro im Monat für einen 65-jährigen Mann.

den Angeboten von 30 Lebensversicherern und 14 Sterbekassen keines für einen Menschen im Seniorenalter zu empfehlen ist. Nur für diejenigen, die bereits mit 45 Jahren anfangen, mit einer solchen Police für den Todesfall vorzusorgen, fanden die Tester zumindest noch drei Angebote, die unter Rendite- und Verbrauchergesichtspunkten nicht schlechter sind als die Möglichkeit, auf eigene Faust zu sparen und zusätzlich eine Risikolebensversicherung abzuschließen. Für alle anderen ist eine solche Police nicht mehr zu empfehlen. Es gibt günstigere Möglichkeiten, die rund 5000 Euro, die für eine Beerdigung durchschnittlich anfallen, anzusparen.

Sterbegeldversicherungen sind Kapitallebensversicherungen mit kleinen Versicherungssummen. Sie kombinieren Risikoschutz und Sparen in einem Vertrag. Der Versicherte zahlt entweder regelmäßig einen Beitrag ein oder einmalig eine größere Summe. Im Todesfall zahlt der Versicherer dann die vereinbarte Versicherungssumme aus.

Es gibt Alternativen

Finanztest hat im Vergleich zu den Sterbegeldpolicen ausgerechnet, was einem Kunden bleibt, wenn er stattdessen Risikoschutz und Sparen trennt und sein Geld in eine preiswerte Risikolebensversicherung investiert und den Rest sicher anlegt. Die Risikolebensversicherung bietet den Schutz für den Fall, dass der Versicherte stirbt, bevor die für die Bestattung benötigten Mittel angespart sind: Stirbt der Versicherte vorher, zahlt die Versicherung den Angehörigen die Versicherungssumme aus. In diesem Vergleich kam heraus, dass 65-Jährige, die Beiträge für eine Risikolebensversicherung zahlen und ihr Geld zu einem Zinssatz von 2 Prozent anlegen, mit der Kombination aus Sparen und Risikolebensversicherung besser abschnitten als mit einer Sterbegeldpolice.

Wenn sich Kunden, die älter als 45 Jahre sind, dennoch für eine solche Versicherung entscheiden, sollten sie zumindest eine Police wählen, in die sie nur einmal einzahlen. Ein Vertrag mit regelmäßigen Einzahlungen wird noch teurer. Die Beiträge für die Sterbegeldversicherung werden verzinst – bei den privaten Versicherern in der Regel mit einem garantierten Zins von 2,25 Prozent, bei den Sterbegeldkassen ist der Satz unter Umständen etwas höher. Allerdings gilt dieser Zinssatz wie bei Kapitallebensversicherungen oder einer privaten Rentenversicherung nicht für die komplette Einzahlung, sondern nur für die Summe, die nach Abzug der Ausgaben für Vertrieb und Verwaltung sowie für den Todesfallschutz übrig bleiben.

INFO **Das zahlt die gesetzliche Rentenversicherung**

Unterstützung erhalten Ehepartner nach dem Tod des Partners von Seiten der gesetzlichen Rentenversicherung. Entscheidend ist das sogenannte Sterbevierteljahr: In den ersten drei Monaten nach dem Tod des Verstorbenen zahlt die Deutsche Rentenversicherung dem hinterbliebenen Partner in voller Höhe die Rente des Verstorbenen weiter. Dieses Geld fließt zusätzlich zu den eigenen Einnahmen wie etwa einer eigenen Altersrente. Auf Antrag können die drei Renten auch in einer Summe überwiesen werden. Erst ab dem vierten Monat zahlt die Rentenversicherung dann die niedrigere Witwen- oder Witwerrente aus. Je nach Alter der Ehepartner und je nach Zeitpunkt der Eheschließung liegt die Rente zwischen 25 und 60 Prozent der früheren Altersrente des Verstorbenen.

VERSICHERUNGEN FÜR DIE ENKEL

Wollen Großeltern ihren Enkeln etwas Gutes tun, kommt ihnen nicht selten der Gedanke, die Ausgaben für eine Versicherung zu übernehmen. Sie soll zum Beispiel helfen, dass die Kinder zu Ausbildungsbeginn auf ein angemessenes Finanzpolster zurückgreifen können oder dass sie für den Ernstfall abgesichert sind, wenn sie zum Beispiel durch einen Unfall so schwer beeinträchtigt werden, dass sie womöglich nie eine richtige Berufsausbildung starten können.

Schutz für die Folgen von Unfall und Krankheit

Um Enkel für den Fall einer dauerhaften gesundheitlichen Beeinträchtigung finanziell abzusichern, kommt zum einen die Kinderunfallversicherung infrage und zum anderen eine Kinderinvaliditätsversicherung. Die Invaliditätsversicherung ist teurer, hat aber den Vorteil, dass sie den versicherten Kindern eine Rente zahlt, egal ob sie aufgrund von Krankheit oder Unfall invalide werden, also eine dauerhafte Beeinträchtigung davon tragen. Eine Kinderunfallversicherung zahlt hingegen ausschließlich für die dauerhaften Folgen eines Unfalls.

Die Kinderinvaliditätsversicherung sollte somit erste Wahl sein für diejenigen, die sich diesen Schutz leisten können. Am besten ist es, wenn die Versicherung dem Kind im Fall der Schwerbehinderung ein lebenslanges monatliches Einkommen und zusätzlich sofort eine größere Summe bietet. Kommt es den Eltern oder Großeltern nur darauf an, dass das Kind langfristig ein gesichertes Einkommen hat, reicht ein Angebot mit reiner Rentenzahlung aus. Untersuchungen von Finanztest zeigen, dass je nach Alter des Kindes für beide Varianten des Versicherungsschutzes mit Beiträgen zwischen knapp 350 und 500 Euro im Jahr zu rechnen ist. Günstiger ist der Schutz, wenn der Versicherer einmalig eine größere Summe zahlen soll. Allerdings kann so eine einmalige Zahlung keine lebenslange Rente ersetzen.

KOMPASS **Invaliditätsschutz für die Enkel**

Was zahlt sie? Eine Kinderinvaliditätsversicherung zahlt eine lebenslange Rente, einmalig eine größere Summe oder beides, wenn bei einem Kind eine Schwerbehinderung eintritt. Die Kinderunfallversicherung zahlt, wenn durch einen Unfall eine dauerhafte Beeinträchtigung da ist.
Wer braucht sie? Sie kommt für Großeltern infrage, die ihre Enkel gegen die finanziellen Folgen einer Behinderung schützen wollen. Eine Kinderinvaliditätsversicherung ist empfehlenswerter als eine Kinderunfallpolice, allerdings auch teurer.
Was kostet sie? Für die Invaliditätsversicherung ist mit Beiträgen von etwa 350 bis 500 Euro im Jahr zu rechnen, den reinen Unfallschutz gibt es deutlich günstiger.

Angeborene Krankheiten zählen

Der Bundesgerichtshof hat entschieden, dass die Versicherer Behinderungen infolge von angeborenen Krankheiten nicht aus dem Versicherungsschutz ausschließen dürfen (Az. IV ZR 252/06). Je nachdem, was in den Vertragsbedingungen steht, kann es aber sein, dass ein Kind kein Geld bekommt, wenn die Behinderung zum Beispiel infolge von Neurosen, Psychosen, Persönlichkeits- und Verhaltensstörungen auftritt. Ausgeschlossen vom Versicherungsschutz sind außerdem Unfälle und Krankheiten infolge von Bewusstseinsstörungen, zum Beispiel durch Alkohol.

Sparen für die Ausbildung

Auch Ausbildungsversicherungen hat so mancher Versicherer im Angebot. Sie sollen sicherstellen, dass Kindern bei Ausbildungsbeginn das nötige Finanzpolster zur Verfügung steht. Mit diesem Angebot wenden sie sich auch an Großeltern: Schließlich wollen sie doch, dass ihre Enkel einmal eine ordentliche Ausbildung bekommen? Hier kann der Rat nur lauten: Lassen Sie sich nicht zu einer solchen Police überreden. Sie lohnt sich nicht – und schon gar nicht für Großeltern.

Ähnlich der Kapitallebensversicherung

Ausbildungsversicherungen sind den kapitalbildenden Lebens- oder Rentenversicherungen vergleichbar – oft fließt ein Teil der Beiträge auch in Investmentfonds. Dadurch sind mit den Verträgen unter Umständen nicht nur hohe Abschluss- und Verwaltungskosten verbunden, sondern bei fondsgebundenen Verträgen je nach Börsenlage auch ein enormes Verlustrisiko.

In der Regel sind die Eltern, Großeltern oder andere Verwandte die Versicherungsnehmer einer solchen Police und zahlen Beiträge ein. Zum Ende einer vorab vereinbarten Laufzeit erhält das begünstigte Kind eine bestimmte Summe ausgezahlt. Stirbt der Einzahler vor Ablauf der vereinbarten Laufzeit, übernimmt der Versicherer die ausstehenden Zahlungen, sodass das Kind die vereinbarten Leistungen bekommt. Dieser Risikoschutz sorgt dafür, dass die Police noch unattraktiver wird, je älter der Versicherungsnehmer bei Vertragsabschluss ist, denn mit zunehmendem Alter steigt das Risiko für den Versicherer, im Todesfall die Beiträge selbst aufbringen zu müssen. Deshalb sind die Verträge entsprechend teurer.

Wollen Großeltern ihren Enkeln wirklich etwas Gutes tun, gibt es günstigere Formen der Vorsorge. Besser ist es, das Geld sicher abseits eines solchen Versicherungsvertrags anzulegen und zum Beispiel regelmäßig in einen Banksparplan einzuzahlen oder Geld in einen

KOMPASS **Ausbildungsversicherung**

Was zahlt sie? Sie zahlt nach regelmäßiger Einzahlung eine vorab vereinbarte Summe, die dem Kind zu einem bestimmten Zeitpunkt zur Verfügung steht. Stirbt der Versicherungsnehmer vorher, übernimmt der Versicherer die bis zu diesem Zeitpunkt fälligen Beiträge zusätzlich.

Wer braucht sie? Eine Ausbildungsversicherung benötigt niemand.

Was kostet sie? Der Preis richtet sich unter anderem nach der vereinbarten Summe und dem Alter des Versicherungsnehmers.

Sparbrief für die Kinder zu stecken. Je nach Marktlage sind die Zinsen dann womöglich nur eher mäßig, doch trotzdem kann auf diesem Weg von der Geburt bis zur Volljährigkeit eine stattliche Summe zusammenkommen:

Beispiel: Hans Meyer legt jeden Monat 120 Euro für seine Enkelin Marie zu einem Zinssatz von 3 Prozent an – angefangen bei ihrer Geburt. Nach 18 Jahren ergibt sich so ein Vermögen von 34 262 Euro. Dieses Geld kann er auf seinen Namen oder gleich auf den Namen der Enkelin anlegen. Steueraspekte sind bei dieser Rechnung nicht berücksichtigt.

NICHT AUF DAS STEUERARGUMENT HEREINFALLEN
Versicherer werben für ihre Ausbildungsversicherungen gerne mit dem Steuervorteil: Doch auch für andere Anlagen kann die Steuerbelastung gering ausfallen. Ist das Geld bei einer Bank auf den Namen des Kindes angelegt, gelten für Kinder die gleichen Steuerfreibeträge wie für alle anderen Steuerzahler auch, sodass sie die Zinsen häufig steuerfrei bekommen. Rentner, die auf ihren Namen Geld anlegen, zahlen häufig gar keine Steuern, da ihr Einkommen insgesamt unter bestimmten Grenzen bleibt. Oder sie zahlen nur einen reduzierten Satz.

WICHTIGE EINSCHNITTE

Lange Reisen, ein Umzug in eine kleine Wohnung oder der Wunsch, mit einem neuen Partner durchs Leben zu gehen: Besondere Lebenssituationen erfordern besonderen Versicherungsschutz. Und auch wenn ein Angehöriger stirbt, gibt es im Umgang mit dem Versicherer einiges zu beachten. Mit jeder entscheidenden Veränderung sollten Sie den Versicherungsordner auf den neuesten Stand bringen.

DIE WELT ERKUNDEN: LANGE AUSLANDSAUFENTHALTE

Wenn die Kinder aus dem Haus sind und kein Arbeitsalltag mehr im Weg steht, ist endlich die Gelegenheit gekommen, die Welt zu erkunden. Für den Versicherungsschutz bedeutet das nur unter bestimmten Voraussetzungen Handlungsbedarf. Geht es um eine vierwöchige Kreuzfahrt oder einen ebenso langen Besuch bei Freunden in den USA, gelten die Vorgaben wie für „normale" Urlaubsreisen: Ohne den Schutz einer Auslandsreise-Krankenversicherung sollte kein Kassenpatient verreisen. Und Privatversicherte sollten prüfen, ob ihr Versicherer die Ausgaben für einen Rücktransport übernimmt. Wenn nicht, benötigen auch sie eine Zusatzpolice (siehe Seite 136).

Zusätzlicher Krankenversicherungsschutz notwendig?

Für sechs- bis achtwöchige Aufenthalte reichen je nach Versicherer die günstigen Jahresverträge der Auslandsreise-Krankenversicherung. Doch sobald Reisen drei Monate dauern, ist ein besonderer Vertrag für lange Auslandsaufenthalte notwendig. Wenn zum Beispiel ein Rentnerpaar die Tochter und deren Familie im deutschen Winter in

Australien besuchen will, benötigt es diesen besonderen Schutz. Der Preis für einen Einzelvertrag hängt von mehreren Faktoren ab:

- Dem Reiseland: Der Schutz für europäische Ziele ist häufig deutlich günstiger als für die USA, Kanada oder eventuell auch Australien.
- Der Dauer der Reise: Der Schutz für drei Monate ist günstiger als für neun Monate.
- Dem Alter des Versicherten: Die Versicherer ziehen wie auch bei den Jahresverträgen für eine Auslandsreise-Krankenversicherung unterschiedliche Altersgrenzen: Mal wird der Schutz erst ab 65 Jahren teurer und bleibt bis Ende 70 auf diesem Niveau, es kann aber auch Zwischenstufen geben.

Will sich zum Beispiel eine 69-jährige Frau für drei Monate in den USA absichern, werden häufig mehrere Hundert Euro fällig.

REISETAUGLICHKEIT BESTÄTIGEN LASSEN!
Für lange Aufenthalte wie für kurze Reisen gilt: Lassen Sie sich Ihre Reisetauglichkeit am besten schriftlich bestätigen, um späteren Ärger mit dem Versicherer zu vermeiden. Wenn Sie zum Beispiel vor nicht allzu langer Zeit eine Operation hatten oder an einer chronischen Erkrankung leiden, sollten Sie vorher unbedingt mit Ihrem Arzt sprechen und sich dessen schriftliches OK für die Reise holen.

Andere Verträge gelten auch im Ausland

Ansonsten können sich Reiselustige selbst bei mehrmonatigen Auslandsaufenthalten auf ihren in Deutschland abgeschlossenen Versicherungsschutz verlassen. So gilt der Schutz der Privathaftpflichtversicherung auch, wenn sie beschließen, den Sommer im Polarkreis oder den Winter in der Südsee zu verbringen. Er gilt in der Regel für mindestens ein Jahr, je nach Tarif und Reiseland manchmal sogar für drei Jahre. Schwierig kann es allerdings werden, wenn der Kunde im ausländischen Hotel etwas beschädigt. Dann springen nur wenige Versicherer ein. Das betrifft aber sowohl kurze als auch lange Aufenthalte.

Auch die Unfallversicherung schützt im Ausland, und die Außenversicherung der Hausratpolice (siehe Seite 106) gilt zumindest bei vorübergehenden Auslandsaufenthalten. Vorübergehend heißt in der

Regel drei Monate. Um spätere Unstimmigkeiten zu vermeiden, sollten die Reisewilligen dennoch vorher mit ihrem Versicherer sprechen und ihn über die Pläne informieren. Sollte der Aufenthalt länger dauern, lohnt es sich, mit dem Versicherer darüber zu verhandeln, ob er sich auf eine längere Außenversicherung einlässt.

Ein Zweitwohnsitz im Ausland

Der Schutz der Hausratversicherung schließt im Ausland nur das ein, was der Reisende mitbringt – also zum Beispiel die Koffer, die in der Ferienwohnung abgestellt werden. Richtet sich jemand neu in einer eigenen Wohnung oder einem eigenen Häuschen in Spanien oder einem anderen Land ein und will er das dortige Mobiliar wie Teppiche, Schränke oder Fernseher über eine Hausratversicherung schützen, benötigt er in der Regel separaten Schutz.

Ist der Kunde mit seinem bisherigen Hausratversicherer zufrieden, bietet es sich an, dort nach den Möglichkeiten einer zusätzlichen Absicherung zu fragen. Für diesen Zweitwohnsitz empfiehlt sich auch eine Wohngebäudeversicherung, wenn es sich um ein Eigenheim handelt (siehe Seite 93). In welcher Form es möglich ist, das Zweithäuschen beim bisherigen deutschen Versicherer zu versichern – zum Beispiel direkt über den deutschen Anbieter oder auch über einen Kooperationspartner vor Ort –, sollten die Interessenten im Einzelfall erfragen.

TIPP Das Zuhause sichern

Selbst wenn Sie im Ausland auf der sicheren Seite sind, müssen Sie dafür sorgen, dass Sie Ihren Versicherungsschutz daheim nicht verlieren. Wenn Sie zum Beispiel im Winter für mehrere Monate Ihr Haus verlassen, ist es wichtig, dass ab und zu jemand danach schaut. Sollten zum Beispiel Frostschäden an der Heizung auftreten, kann der Wohngebäudeversicherer die Zahlung verweigern, wenn die Anlage nicht regelmäßig kontrolliert wurde.

WEG FÜR IMMER: AUSWANDERN

Das Gespräch mit ihren Versicherern suchen sollten auch alle, die planen, nicht nur vorübergehend ins Ausland zu reisen, sondern dauerhaft den Wohnsitz zum Beispiel nach Spanien oder Portugal zu verlegen. Sie sollten klären, was aus all ihren Versicherungspolicen wird und insbesondere welche Auswirkungen der Wohnortwechsel auf den Schutz der Kranken- und der Pflegeversicherung haben.

Gesetzlich Krankenversicherte

Ob auswandernde Rentner weiterhin über die deutsche Krankenkasse versichert bleiben, hängt entscheidend davon ab, in welches Land sie auswandern und ob sie in diesem Land zum Beispiel aufgrund einer früheren Beschäftigung Rentenansprüche erworben haben. Denn nur wenn sie im neuen Wohnland keinen Leistungsanspruch haben und ausschließlich eine Rente aus der deutschen Rentenversicherung erhalten, bleibt die Mitgliedschaft in der deutschen gesetzlichen Krankenkasse bestehen.

Beispiel: Karl Sommer und seine Frau Edith kaufen sich ein Haus in Spanien, um dort ihren Lebensabend zu verbringen. Sie haben ein Leben lang in Deutschland gearbeitet und waren als Rentner in Deutschland pflichtversichert in einer gesetzlichen Krankenkasse. In dem Fall bleiben Herr und Frau Sommer auch nach einem dauerhaften Umzug nach Spanien bei der Krankenkasse in Deutschland versichert und zahlen weiterhin Beiträge in der Höhe, wie sie auch zuhause angefallen wären.

Anders ist die Situation, wenn etwa ein Spanier, der zunächst in seiner Heimat und später in Deutschland gearbeitet und Rentenansprüche erworben hat, in sein Heimatland zurückkehren würde. Er wäre dann nicht über die deutsche, sondern über die spanische Krankenversicherung geschützt.

Bestehen wie im Fall von Familie Sommer ausschließlich Rentenansprüche in Deutschland, ist die Regelung trotzdem nicht bei jedem Auswanderungsziel so einfach wie etwa bei Spanien. Besondere Vorgaben gelten zum Beispiel, wenn die Ruheständler ihren Wohnsitz nach Dänemark verlegen, wenn sie ein Land des Europäischen Wirtschaftsraums (EWR), das nicht Mitglied der EU ist, wählen, wie beispielsweise die Schweiz, oder auch, wenn sie in Land außerhalb von Europa auswandern.

Vor einem solchen dauerhaften Schritt ins Ausland, egal wohin, sollten sich die Auswanderungswilligen unbedingt ausführlich über den weiteren Sozialversicherungsschutz informieren: Welche Leistungen stehen ihnen zu? Was müssen sie zahlen? Was wird, wenn jemand zum Beispiel pflegebedürftig wird? Ansprechpartner hierfür ist die eigene Krankenkasse, die jeweils in dem individuellen Fall weiterhelfen kann. Ausführliche Informationsbroschüren bietet die Deutsche Verbindungsstelle Krankenversicherung Ausland (DVKA). Sie erhalten die übergreifenden Informationen unter www.dvka.de oder unter DVKA, Pennefeldsweg 12c, 53177 Bonn, Tel. 02 28/95 30-0. Weitere Informationen finden Interessenten außerdem beim Bundesverwaltungsamt, Informationsstelle für Auswanderer und Auslandstätige unter www.bva.bund.de (Startseite, dann Rubrik „Aufgaben" anklicken, dann Stichwort „Auswanderer und Auslandstätige").

Privat Krankenversicherte

Bei privat Versicherten endet der Krankenversicherungsschutz, sobald sie ihren Wohnsitz ins Ausland verlegen. Es empfiehlt sich in der Regel, dass sie sich bei ihrem Versicherer darum bemühen, dass er weiterläuft.

Wandern sie in ein Land innerhalb Europas aus, können sie mit ihrem Versicherer eine besondere Vereinbarung treffen, dass der Schutz bestehen bleiben soll. Allerdings müssen sie dafür eventuell höhere Beiträge hinnehmen. Wandern privat Versicherte jedoch in ein außereuropäisches Land aus, ist der Versicherer nicht zu einer solchen Vereinbarung verpflichtet.

SCHUTZ FÜR EIN NEUES EIGENHEIM

Die meisten Immobilienbesitzer entscheiden sich schon frühzeitig für den Bau oder Kauf der eigenen vier Wände. Wer zum Beispiel mit Mitte 30 oder Anfang 40 ein Haus oder eine Wohnung erwirbt, nutzt die folgenden Jahre bis zum Rentenbeginn, um die Kreditschulden zu tilgen. Möglich ist aber auch folgende Konstellation:

Beispiel: Helga und Bernhard Kaiser sind Anfang 60 und haben viele Jahre in ihrem großen Einfamilienhaus gelebt. Doch nachdem die Kinder aus dem Haus und in andere Städte umgezogen sind, entscheiden sie sich dafür, das große Haus zu verkaufen und in eine kleinere Doppelhaushälfte zu ziehen, die noch neu gebaut wird. Mithilfe des Erlöses aus dem Hausverkauf und einem Darlehen bei der Bank können sie all ihre Wünsche in das neue Haus einbauen. Sie gestalten die Räume gleich so, dass sie im Ernstfall auch behindertengerecht sind.

Der Umzug in ein neues Haus bedeutet für Rentner wie das Ehepaar Kaiser einige Änderungen beim Versicherungsschutz. Für ihr neues Zuhause benötigen sie eine Wohngebäudeversicherung, denn der Schutz für ihr früheres Haus ist auch bei diesem Haus geblieben.

TIPP **Bauen und Sanieren mit günstigen Förderdarlehen**

Wenn Sie altersgerecht oder energiesparend bauen oder umbauen, können Sie bei der staatlichen KfW-Bank besonders günstige Kreditkonditionen bekommen. Über die Bedingungen und die Baumaßnahmen, die gefördert werden, können Sie sich unter www.kfw.de informieren.
Sie können den Kredit dort aber nicht selbst beantragen: Das ist nur über eine andere Bank möglich. Fragen Sie Ihre Bank danach, allerdings klappt es nicht immer mit den günstigen Konditionen, denn die Banken und Sparkassen sind nicht verpflichtet, KfW-Darlehen weiterzuleiten. Versuchen Sie es trotzdem. Gerade wenn Sie ein guter Kunde sind, ist Ihre Ausgangsposition dafür sicher nicht schlecht.

Wird eine Immobilie komplett neu gebaut, sollten die Hausbesitzer unter anderem eine Bauherren-Haftpflichtversicherung abschließen. Sie kommt dafür auf, wenn sich beispielsweise während der Arbeiten Dachpfannen lösen und ein parkendes Auto treffen. Helfen Freunde den Bauherren bei bestimmten Arbeiten, müssen die Immobilienbesitzer diese bei der Berufsgenossenschaft Bau anmelden und für sie eine Bauhelferversicherung abschließen. Für sie gilt dann während der Arbeiten der Schutz der gesetzlichen Unfallversicherung. Melden sich die Bauherren nicht bei der Berufsgenossenschaft, droht ein Bußgeld.

Kredit versichern

Auch die Bank wird Forderungen stellen, wenn das Projekt Eigenheim noch über einen Kredit mitfinanziert wird. Zum einen müssen ältere Kreditnehmer unter Umständen Zinsaufschläge hinnehmen. Zum anderen kann es sein, dass Immobilieninteressenten um eine Restschuldversicherung nicht umhinkommen. Diese sichert den Kredit ab. Sollte einer der beiden Bauherren sterben, würde der Restschuldversicherer einspringen und die ausstehenden Kreditraten übernehmen. Die Restschuldversicherung ist eine besondere Form der Risikole-

bensversicherung mit dem entscheidenden Merkmal, dass die Versicherungssumme nicht konstant bleibt, sondern sich parallel zur verbleibenden Kreditschuld entwickelt und somit im Laufe der Zeit sinkt.

Altes Haus übernehmen

Aufpassen müssen Hausbesitzer, die eine gebrauchte Immobilie übernehmen. Sie übernehmen zunächst auch die bestehende Wohngebäudeversicherung, können sie aber innerhalb eines Monats nach dem Grundbucheintrag kündigen. Vorher sollten sie jedoch sicherstellen, dass sie oder der Verkäufer bis zum neuen Grundbucheintrag die Beiträge für die bisherige Wohngebäudeversicherung zahlen. Sonst geht der Versicherungsschutz verloren, wie ein Urteil des Oberlandesgerichts Jena vor einigen Jahren bestätigt hat (Az. 4 U 574/06).

Ein Mann hatte im Sommer 2004 ein Einfamilienhaus gekauft. Kurz bevor er als Eigentümer ins Grundbuch eingetragen wurde, brannte das Haus ab. Der Gebäudeversicherer kam für den Schaden nicht auf. Der Verkäufer hatte den kurze Zeit vorher fälligen Beitrag nicht gezahlt und auf Mahnungen des Versicherers nicht reagiert. Der Versicherer musste nach dem Urteil den Käufer nicht über den ausstehenden Beitrag und den drohenden Versicherungsverlust informieren. Der Käufer muss sich selbst darum kümmern, dass die Beiträge bezahlt werden.

Die Gebäudeversicherung geht nach einem Hauskauf erst dann auf den neuen Eigentümer über, wenn dieser im Grundbuch eingetragen wird. Bis dahin bleibt der alte Eigentümer Versicherungsnehmer und damit in der Beitragspflicht gegenüber dem Versicherer.

SELBST AUF BEITRÄGE ACHTEN

Lassen Sie sich vom Verkäufer die Police und die letzte Beitragsrechnung mit Zahlungsbeleg geben, sodass Sie wissen, wann der nächste Beitrag fällig wird. Vereinbaren Sie, dass Sie ihn zahlen, falls er vor der Überschreibung fällig ist. Informieren Sie den Versicherer.

KLEIN, ABER FEIN: UMZUG IN EINE KLEINERE WOHNUNG

Wird das bisherige Zuhause zu groß, zieht es viele Rentner anders als Familie Kaiser im Beispiel zuvor nicht in eine neue eigene Immobilie, sondern vielleicht in eine kleinere Mietwohnung oder eine Unterkunft in einem Seniorenheim. Wenn sie nur noch Mieter sind, benötigen sie keine Wohngebäudeversicherung mehr. Nach dem Verkauf des eigenen Hauses geht die Wohngebäudeversicherung auf die neuen Eigentümer über. Finden sich so schnell keine Käufer und steht das Haus längere Zeit leer, sollte der Wohngebäudeversicherer auf jeden Fall darüber informiert werden. Sonst kann es sein, dass der Versicherer im Schadensfall nicht zahlt, wenn der Versicherte seine Pflichten verletzt hat. Auch falls das Haus neu vermietet wird, sollte der Versicherer darüber benachrichtigt werden.

Die Hausratversicherung gilt nach einem Umzug für zwei Monate sowohl in der alten als auch in der neuen Unterkunft. Trotzdem müssen die Umziehenden auch diesen Versicherer informieren. Zum einen, weil sich der Preis einer Hausratversicherung auch nach dem Wohnort richtet. Wer aus einer ländlichen Region in die Stadt zieht, muss womöglich mehr zahlen. Zum anderen kann es sein, dass mit einer kleineren Wohnung auch der Wert der Einrichtung geringer ist, sodass eine niedrigere Versicherungssumme ausreicht und der Versicherungsbeitrag sinkt.

Auf Versicherung für Schlüssel achten

Als Hausbesitzer hatte man seine Schließanlage selbst im Griff, doch als Mieter einer größeren Senioreneinrichtung mit 20 Wohnungen oder mehr? Wenn die Bewohner dort den Schlüssel verlieren und deshalb die gesamte Schließanlage des Hauses ausgetauscht werden muss, kann sie das mehrere Tausend Euro kosten. Mieter sollten deshalb darauf achten, dass über ihre private Haftpflichtversicherung auch der Verlust privater Schlüssel abgesichert ist. Wenn nicht, sollten sie dieses Extra zusätzlich mit abschließen – wenn möglich mit einer Versicherungssumme von 5 000 Euro.

Umzug ins Heim

Steht ein Umzug in ein Heim an, sollten Versicherte bei ihrem Haftpflichtversicherer nachfragen, ob er zum Beispiel auch dafür aufkommt, falls sie versehentlich Schäden an den Einrichtungsgegenständen in ihrem Zimmer oder an medizinischen Geräten verursachen.

NEUE LIEBE: GEMEINSAMES ZUHAUSE MIT DEM PARTNER

Wer mit einem Partner zusammenzieht, kann sich einigen Versicherungsschutz sparen. Denn Partner, die mit oder ohne Trauschein zusammenleben, benötigen zum Beispiel nur eine Hausratversicherung und auch nur eine Privathaftpflichtversicherung.

Versicherungen zusammenlegen, Geld sparen

Für die Haftpflichtversicherung gilt: Ein Partner kann in den Vertrag des anderen aufgenommen werden. Er muss dort namentlich mit genannt werden. Die zweite, dann überflüssige Police, können die Partner zum nächstmöglichen Termin kündigen. Viele Versicherer lassen aus Kulanz eine sofortige Kündigung zu. Nachfragen lohnt sich. Heiraten die beiden, ist die Regelung anders: Dann können sie den jüngeren Vertrag direkt kündigen, nachdem beide Partner in eine gemeinsame Police aufgenommen wurden. Ansprüche gegeneinander sind dann ausgeschlossen. Setzt sich also etwa einer versehentlich auf die Brille des anderen und der Bügel bricht, zahlt der Versicherer nicht.

Auch in Sachen Hausratversicherung können die Partner in gemeinsamer Wohnung Beiträge sparen: Haben beide ihre eigene Hausratversicherung, haben sie zwar keinen Anspruch darauf, einen Vertrag direkt zu kündigen. Allerdings akzeptieren viele Versicherer auch hier aus Kulanz die Kündigung des jüngeren Vertrags. Ist das nicht der Fall, sollte einer der Versicherten zum nächstmöglichen Zeitpunkt seinen Vertrag kündigen. Der Schutz im verbleibenden Vertrag sollte so hoch sein, dass er für den Hausstand beider Bewohner reicht.

VERSICHERUNGSSUMME ÜBERPRÜFEN
Wie hoch ist der Wert des gemeinsamen Hausrats? Eine Auflistung der eigenen Werte empfiehlt sich unbedingt, denn sonst besteht die Gefahr, dass Sie unterversichert sind. Erhöhen Sie die Versicherungssumme, wenn Sie feststellen, dass die bisherige Summe, die für eine Person galt, nicht mehr für einen gemeinsamen Haushalt reicht.

Darüber hinaus ist es möglich, den neuen Partner zum Beispiel auch mit in eine bestehende Rechtsschutzversicherung aufzunehmen oder als berechtigten Fahrer in der Kfz-Versicherung, wenn vorher nur ein Fahrer eingetragen war.

Den Partner absichern

Neben den Risiken im alltäglichen Leben heißt es bei einer neuen Partnerschaft außerdem, die finanzielle Absicherung zu gewährleisten. Als Ehepartner funktioniert das in Teilen zumindest automatisch: Stirbt zum Beispiel der Ehemann, hat seine Frau in der Regel nach dreijähriger Ehe Anspruch auf eine Witwenrente. Diese liegt je nach Alter und Zeitpunkt der Eheschließung bei maximal 60 Prozent der Altersrente des Partners. Zusätzlich hat die Ehefrau des Verstorbenen Erbansprüche. Wie hoch diese sind, richtet sich danach, ob der Verstorbene leibliche Kinder hatte und welche güterrechtlichen Regelungen getroffen wurden. Wenn der Mann zum Beispiel einen Sohn und eine Tochter hatte, erben die beiden jeweils ein Viertel seines Vermögens, seine aktuelle Ehefrau die Hälfte des Vermögens, wenn die Partner Gütergemeinschaft vereinbart hatten.

Schwieriger wird es, wenn die Partner ohne Trauschein zusammenleben. Stirbt der Mann dann, hat die Lebensgefährtin weder rechtliche

Erbansprüche noch Anspruch auf eine Hinterbliebenenrente. Auf diese Situation sollten sich die Partner vorbereiten. Wichtig ist zum Beispiel, neue Partner als Bezugsberechtigte einzutragen, wenn in der privaten Rentenversicherung eine Rentengarantie vereinbart wurde.

Möglich ist auch, zu Lebzeiten Vermögen auf die Partnerin oder den Partner zu übertragen. Dabei schlägt allerdings schnell die Steuer zu Buche. Nur bis zu 20 000 Euro sind bei nicht Verheirateten steuerfrei. Fließen höhere Beträge, gehen mindestens 30 Prozent Steuer an das Finanzamt. Den Freibetrag von 20 000 Euro können sie alle zehn Jahre nutzen.

WIEDER ALLEIN: VERSICHERT NACH EINER SCHEIDUNG

Bei einer Scheidung ist Vieles zu regeln, und die neue Situation verlangt oft einiges an Kraft. Dennoch sollte man die Versicherungen nicht darüber vergessen. Für folgende Verträge kann es Änderungen geben, wenn Ehepartner künftig getrennte Wege gehen:

- Krankenversicherung: War ein Partner beitragsfrei beim Ehepartner in einer gesetzlichen Krankenkasse mitversichert, endet die Familienversicherung, wenn das Urteil über die Scheidung rechtskräftig wird. Der ehemals mitversicherte Partner kann sich dann freiwillig gesetzlich krankenversichern.
- Lebensversicherung: Will ein Partner nach der Scheidung den Bezugsberechtigten ändern, sollte er den Versicherer schriftlich darüber informieren. Entscheidend ist, was im Versicherungsschein steht.
- Privathaftpflichtversicherung: Hatte das Paar eine gemeinsame Police, muss dieser Schutz wieder getrennt werden. Beide Partner sollten darauf achten, eine Haftpflichtpolice zu haben.
- Hausratversicherung: Auch dieser Schutz ist wieder zu trennen. Ein Partner kann die bisherige Police behalten und auf seinen Namen umstellen, der andere schließt einen neuen Vertrag ab, wenn er auf die Absicherung nicht verzichten will. Zieht der Expartner aus und

nimmt einen Teil der Einrichtung mit, dürfte eine niedrigere Versicherungssumme ausreichen.

- Kfz-Versicherung: Hier kommt es darauf an, auf wen der Wagen zugelassen und wer als Fahrer eingetragen war. Will der Partner, der nicht Versicherungsnehmer war, einen neuen Vertrag abschließen, kann es sein, dass er deutlich mehr für den Schutz zahlen muss, da sein Schadenfreiheitsrabatt noch nicht so hoch ist.

ANGEBOTSVIELFALT NUTZEN
Nutzen Sie die Chance, sich vor Abschluss neuer Verträge unter den vielfältigen Angeboten umzusehen, und vergleichen Sie mehrere Angebote. Gerade in der Autoversicherung gibt es die Chance, bei einem günstigen Anbieter eine Menge Geld zu sparen.

IM TODESFALL: WAS AUS DEN VERTRÄGEN WIRD

So unangenehm der Gedanke auch sein mag: Hilfreich für die Angehörigen ist es, wenn Versicherte und ihre Partner frühzeitig abklären, was zu beachten ist, falls einer von ihnen stirbt: Welche Pflichten sind dann gegenüber dem Versicherungsunternehmen zu erfüllen? Wann muss es informiert werden? Was wird aus den laufenden Verträgen? Wo sind eigentlich sämtliche Unterlagen aufbewahrt?

Planung hilft

Familien sollten eine Stelle vereinbaren, wo die Angehörigen im Ernstfall sämtliche Informationen finden. Liegen die Unterlagen in einem Bankschließfach, sollte sichergestellt sein, dass der Ehepartner oder eine andere vertraute Person Zugriff darauf hat, um alle Formalitäten in die Wege leiten zu können.

Was im Ernstfall zu tun ist, hängt davon ab, um welche Art von Versicherung es sich handelt und ob der Versicherungsnehmer verstorben ist oder die versicherte Person – kurz gesagt „der Versicherte". Im alltäglichen Sprachgebrauch werden „Versicherungsnehmer" und

„Versicherter" oft so verwendet, als handele es sich automatisch um ein und dieselbe Person. Häufig ist das auch so, doch das muss nicht immer sein.

Schließt jemand mit einer Versicherungsgesellschaft einen Vertrag ab, zum Beispiel über eine Auto- oder eine Krankenversicherung, ist diese Person Versicherungsnehmer. Der Versicherungsnehmer kann dann im weiteren Verlauf beispielsweise entscheiden, wie er seinen Vertrag gestaltet, ob er etwa Leistungen in der Krankenversicherung reduziert. Schließt ein Versicherungsnehmer eine private Krankenversicherung für sich ab, ist er nicht nur Versicherungsnehmer, sondern gleichzeitig auch die versicherte Person oder kurz gesagt der „Versicherte". Er erhält Geld aus der privaten Krankenversicherung für medizinische Behandlungen, die er benötigt.

Ähnlich funktioniert es bei anderen Policen: Beispiel Risikolebensversicherung. Ein Ehemann möchte seine Familie absichern für den Fall, dass er selbst stirbt. Er schließt als Versicherungsnehmer eine Risikolebensversicherung ab. Das Versicherungsunternehmen zahlt eine vorab vereinbarte Summe, wenn der Mann stirbt. In dem Fall ist der Familienvater nicht nur Versicherungsnehmer, sondern auch versi-

TIPP **Bezugsberechtigte aktualisieren**

Wenn noch eine Lebensversicherung besteht: Prüfen Sie, wer dort als Bezugsberechtigter eingetragen ist. Wenn Sie sich zum Beispiel haben scheiden lassen und noch Ihr ehemaliger Partner als Bezugsberechtigter geführt ist, geht ein aktueller Partner leer aus. Das kann gerade dann zu einem Problem werden, wenn zum Beispiel ein geschiedener Mann eine neue Lebensgefährtin hat. Als unverheiratete Partnerin geht sie beim Erbe leer aus, wenn der Verstorbene nichts anderes im Testament verfügt hat. Ärgerlich wäre es dann, wenn sie auch aus der Lebensversicherung kein Geld bekommt, nur weil der Versicherte vergessen hatte, die Versicherungsgesellschaft über die neue Bezugsberechtigte zu informieren.

cherte Person. Das muss aber nicht bei jeder Risikolebensversicherung so sein. Möglich ist auch folgende Konstellation, mit der nicht verheiratete Paare Erbschaftsteuer sparen können:

Beispiel: Konrad Meier und Maria Schütze leben als unverheiratetes Paar zusammen. Sie bestreiten einen Großteil ihres Lebensunterhalts aus Frau Schützes Einkünften. Das Paar möchte, dass Konrad Meier abgesichert ist für den Fall, dass seine Lebensgefährtin stirbt. Deshalb schließt er eine Risikolebensversicherung ab, die ihm im Fall von Frau Schützes Tod eine bestimmte Summe zahlt. In dieser Konstellation ist Herr Meier Versicherungsnehmer und Frau Schütze die versicherte Person. Stirbt Frau Schütze, erhält Herr Meier die vereinbarte Summe.

Stirbt Herr Meier als Versicherungsnehmer vor seiner Lebensgefährtin, geht der Vertrag auf einen zuvor festgelegten neuen Versicherungsnehmer über oder – gibt es diesen nicht – auf seine Erben. Das kann zum Beispiel Herrn Meiers Sohn Thomas aus einer früheren Beziehung sein. Thomas hat dann das Recht, den Vertrag weiterzuführen, zu kündigen oder auch die Bezugsperson zu ändern. Die Bezugsperson erhält dann das Geld aus der Versicherung, wenn Maria Schütze stirbt.

Schnell informieren

Bei einigen Policen drängt nach dem Tod der versicherten Person oder auch nach dem Tod des Versicherungsnehmers die Zeit. So muss zum Beispiel ein privater Rentenversicherer gemäß der Musterbedingungen des Gesamtverbandes der Deutschen Versicherungswirtschaft „unverzüglich" über den Tod der versicherten Person informiert werden. Als grober Richtwert für die Vorgabe „unverzüglich" gilt, dass spätestens nach einer Woche die Information beim Versicherer vorliegen muss – wenn möglich natürlich auch früher.

VERSICHERUNGEN VERERBEN

Stirbt ein Angehöriger, sollten Sie keine Zeit verlieren, die Versicherungsgesellschaften darüber zu informieren. Halten Sie den Versicherungsschein bereit und fragen Sie genau nach, welche Unterlagen und Dokumente das Unternehmen je nach Police benötigt.

Art der Versicherung	Was passiert mit dem Vertrag?	Was müssen die Angehörigen/Erben beachten?
Private Haftpflicht-versicherung	Er erlischt, wenn er nur für den Verstorbenen galt. Eine Famili-enversicherung besteht fort, bis der nächste Beitrag fällig ist.	Bei Familienversicherung besteht kein außerordentliches Kündigungsrecht; bezahlt eine mitversicherte Person den nächsten Beitrag, wird sie Versicherungs-nehmer.
Private Kranken-versicherung	Er endet mit dem Tod des Versicherungsnehmers.	Versicherte Personen haben das Recht, das Versicherungsverhältnis unter Nennung eines künftigen Versicherungsnehmers fort-zusetzen innerhalb von zwei Monaten.
Sterbegeld-versicherung	Er endet mit dem Tod des Versicherungsnehmers.	Den Tod unverzüglich melden. Der Bezugs-berechtigte erhält das Geld aus dem Vertrag.
Kapital- oder Risikolebens-versicherung	Er endet, wenn der Verstorbene Versicherungsnehmer und ver-sicherte Person war. Stirbt der Versicherungsnehmer, der nicht die versicherte Person war, geht der Vertrag auf die Erben über oder eine bei Abschluss einge-tragene Person übernimmt ihn.	Den Tod unverzüglich melden. Stirbt die versicherte Person, erhält der Bezugs-berechtigte das Geld aus dem Vertrag.
Unfall-versicherung	Er endet mit dem Tod des Versi-cherungsnehmers.	Starb der Versicherte durch einen Unfall und wurde eine Todesfallleistung vereinbart, muss der Tod dem Versicherer innerhalb von 48 Stunden gemeldet werden. Das Unter-nehmen muss die Möglichkeit bekommen, bei Bedarf eine Obduktion vorzunehmen.

Art der Versicherung	Was passiert mit dem Vertrag?	Was müssen die Angehörigen/Erben beachten?
Hausratversicherung	Er erlischt spätestens zwei Monate nach dem Tod des Versicherungsnehmers, es sei denn ein Erbe wohnt weiter in der Wohnung oder übernimmt sie unverändert binnen zwei Monaten.	Bei Beendigung des Vertrags wird der Jahresbeitrag anteilig zurückerstattet. Geht der Vertrag auf einen Erben über, kann dieser nicht außerordentlich kündigen.
Wohngebäudeversicherung	Er besteht fort, bis der nächste Beitrag fällig ist.	Der Erbe hat ab Eintrag ins Grundbuch in der Regel einen Monat lang ein außerordentliches Kündigungsrecht.
Kfz-Versicherung	Er läuft weiter, solange ein Erbe das versicherte Fahrzeug behält.	Beiträge werden eventuell an den neuen Versicherungsnehmer angepasst. Es besteht kein außerordentliches Kündigungsrecht. Wenn der Erbe aber den Wagen ummeldet, kann er die Versicherung wechseln.

Der Versicherer muss eine amtliche Sterbeurkunde erhalten oder zumindest eine Kopie davon. Hatte der Versicherte zum Beispiel eine Hinterbliebenenversorgung oder eine Rentengarantiezeit vereinbart, verlangt der Versicherer in der Regel außerdem ein ärztliches Gutachten zur Todesursache und zu einem möglichen vorherigen Krankheitsverlauf.

Ähnlich hoch ist der zeitliche Druck, wenn ein Versicherter stirbt, der eine Kapital- oder Risikolebensversicherung geschlossen hatte. Das Geld aus einer Lebensversicherung erhält der Bezugsberechtigte, der im Vertrag genannt ist. Diese zeitlichen Vorgaben gelten auch für die Sterbegeldversicherung: Die bezugsberechtigte Person bekommt das Geld aus dem Vertrag, sobald beim Versicherer der Versicherungsschein, Sterbeurkunde und ein Zeugnis über den vorherigen Krankheitsverlauf eingegangen sind.

Noch mehr Eile ist bei einer Unfallversicherung geboten, wenn eine versicherte Person infolge eines Unfalls stirbt: Dann ist der Versicherer innerhalb von 48 Stunden darüber zu informieren. Wurde eine Todesfallleistung vereinbart, müssen die Angehörigen dem Versicherungsunternehmen die Möglichkeit zu einer Obduktion gewähren.

Tod beendet Vertrag nicht immer automatisch

Es gibt Policen, die mit dem Tod des Versicherten automatisch enden. Das gilt zum Beispiel für eine Unfall- oder eine private Krankenversicherung. Das gilt auch für die Privathaftpflichtversicherung, wenn nur der Versicherungsnehmer selbst über diese Police geschützt war. Hatte zum Beispiel eine alleinlebende Frau eine solche Police, erlischt der Versicherungsschutz mit ihrem Tod. Hatte die Versicherungsnehmerin hingegen Angehörige und die gesamte Familie über eine gemeinsame Police abgesichert, besteht der Schutz zunächst so wie bisher fort, bis der nächste Beitrag fällig wird. Die Erben sollten den Versicherungsschein bereithalten und den Haftpflichtversicherer über den Tod der Versicherungsnehmerin informieren. Bezahlt ein über die Familienversicherung mit abgesicherter Angehöriger oder Lebenspartner den nächsten Versicherungsbeitrag, wird er Versicherungsnehmer. Nur aufgrund des Todesfalls kann eine Familienversicherung nicht außerordentlich gekündigt werden.

Besondere Regeln für Auto und Haus

Bestehen bleibt vorhandener Schutz auch, wenn Gegenstände wie Auto, Hausrat oder eine Immobilie versichert werden. Hier fällt mit dem Tod des Versicherungsnehmers das versicherte Risiko nicht weg. So besteht etwa eine Wohngebäudeversicherung bis zur Fälligkeit des nächsten Beitrags automatisch fort. Erbt nun zum Beispiel die Ehefrau oder auch eine Lebensgefährtin das Haus des Verstorbenen, hat sie von dem Zeitpunkt an, ab dem sie als Besitzerin im Grundbuch eingetragen ist, einen Monat Zeit, den Vertrag außerordentlich zu kündigen.

Der Schutz der Kfz-Versicherung gilt für ein bestimmtes Auto. Solange die Angehörigen nach dem Tod des Versicherungsnehmers das Auto nicht verkaufen, sondern wie bisher weiterfahren, läuft der Versicherungsschutz so weiter wie vorher. Die Erben müssen trotzdem den Versicherer über den Tod des Versicherungsnehmers informieren. Die Höhe der Beiträge wird dann eventuell an den neuen Versicherungsnehmer angepasst. Ein außerordentliches Kündigungsrecht besteht auch hier nicht. Nur wenn der Erbe den Wagen auf seinen Namen umschreiben lässt, kann er die Versicherung wechseln.

Ähnlich kann die Situation bei einer Verkehrsrechtsschutzversicherung aussehen: Gilt sie nicht für eine bestimmte Person, sondern für ein bestimmtes Fahrzeug, besteht sie wie bei der Kfz-Haftpflicht- und Kaskoversicherung weiter fort. Zahlt der Hinterbliebene den nächsten Beitrag, wird er zum Versicherungsnehmer für diesen Vertrag. Bezieht sich die Verkehrsrechtsschutzversicherung hingegen auf eine bestimmte Person, endet der Schutz mit dem Tod des Versicherungsnehmers. Mehr zu den Bedingungen für die jeweiligen Policen zeigt die Tabelle auf Seite 178.

FRÜH GENUG INFORMIEREN

Halten Sie sämtliche Versicherungsunterlagen geordnet zusammen, damit Ihre Angehörigen im Ernstfall schnell darauf zugreifen können, denn sie sollten die Versicherungsgesellschaften im Todesfall unverzüglich informieren – auch wenn sie in der Situation viele andere Dinge im Kopf haben. Doch die frühzeitige Information hilft, spätere Auseinandersetzungen zu vermeiden.

```
(Absender)
(Adresse)


(Versicherungsunternehmen)
(Adresse)

                                        (Wohnort), (Datum)

Versicherungsschein-Nummer (Nummer)

Widerruf des Vertrags

Sehr geehrte Damen und Herren,

mit diesem Schreiben widerrufe ich fristgerecht den oben
genannten Versicherungsvertrag. Bitte bestätigen Sie mir den
Widerruf schriftlich.

(Optional:) Ebenso widerrufe ich die auf dem Antragsformular
erteilte Einzugsermächtigung für mein Konto (Kontodaten).

Ich bitte sehr darum, von der Übersendung weiterer Unterla-
gen abzusehen.

Mit freundlichen Grüßen
(Unterschrift)
```

MUSTERBRIEF

Verträge innerhalb der Frist widerrufen

Sie können einen Versicherungsvertrag nach Abschluss 14 Tage lang widerrufen. Haben Sie eine Lebens- oder Rentenversicherung abgeschlossen, beträgt die Widerrufsfrist 30 Tage. Die Frist beginnt zu laufen, sobald Sie sämtliche Vertragsunterlagen erhalten haben. Dazu gehören die Police (Versicherungsschein), die Vertragsbedingungen, das Produktinformationsblatt und die Widerrufsbelehrung. Fehlt eine ausführliche Widerrufsbelehrung, ist der Widerruf auch nach Ablauf der gegebenen Fristen noch möglich. Das Widerrufsrecht besteht nicht bei Verträgen mit einer Laufzeit von unter einem Monat.

```
(Absender)
(Adresse)


(Versicherungsunternehmen)
(Adresse)

                                    (Wohnort), (Datum)

Versicherungsschein-Nummer (Nummer)

Kündigung des Vertrags

Sehr geehrte Damen und Herren,

mit diesem Schreiben kündige ich den oben genannten Vertrag
fristgerecht zum (Datum). Bitte senden Sie mir eine Schluss-
abrechnung. Mögliche Rückerstattungsansprüche überweisen Sie
bitte bis zum (Datum) auf das Konto mit folgenden Daten:
(Kontodaten).

Bitte bestätigen Sie mir die Kündigung schriftlich.

Mit freundlichen Grüßen
(Unterschrift)
```

MUSTERBRIEF

Ordentliche Kündigung von Versicherungsverträgen

Versicherungsnehmer können sich von ihren vorhandenen Verträgen trennen. Sie haben ein ordentliches Kündigungsrecht. Wann und wie sie dieses in Anspruch nehmen können, hängt von der Laufzeit der Police ab und von der vereinbarten Kündigungsfrist (siehe Tabelle Seite 38. Beispiel: Haben Sie eine Auslandsreise-Krankenversicherung am 1. Mai abgeschlossen, können Sie sie in der Regel zum 30. April des folgenden Jahres kündigen.

(Absender)
(Adresse)

(Versicherungsunternehmen)
(Adresse)

(Wohnort), (Datum)

Versicherungsschein-Nummer (Nummer)

Kündigung des Vertrags

Sehr geehrte Damen und Herren,

mit diesem Schreiben kündige ich den oben genannten Versicherungsvertrag außerordentlich mit sofortiger Wirkung/zum Ende des laufenden Versicherungsjahres, also zum (Datum). Anlass ist der Schaden vom (Datum) (Schadensnummer). Bitte bestätigen Sie mir die Kündigung schriftlich.

Mit freundlichen Grüßen
(Unterschrift)

MUSTERBRIEF

Außerordentliche Kündigung nach einem Schadensfall

Unter bestimmten Voraussetzungen müssen Sie nicht bis zum nächsten ordentlichen Kündigungstermin warten: Sie haben ein außerordentliches Kündigungsrecht, zum Beispiel, wenn Sie im Schadensfall die Leistungen des Versicherers in Anspruch genommen haben oder der Versicherer nach einem Schaden nicht dafür aufkommen wollte. Dann können Sie kurz darauf aus dem Vertrag ausscheiden.

```
(Absender)
(Adresse)


(Versicherungsunternehmen)
(Adresse)

                                 (Wohnort), (Datum)

Versicherungsschein-Nummer (Nummer)

Kündigung des Vertrags

Sehr geehrte Damen und Herren,

mit diesem Schreiben kündige ich den oben genannten Versi-
cherungsvertrag außerordentlich und fristgerecht zum
(Datum). Zu diesem Termin wird Ihre mit dem Schreiben vom
(Datum) angekündigte Beitragserhöhung wirksam.

Bitte bestätigen Sie mir die Kündigung schriftlich.

Mit freundlichen Grüßen
(Unterschrift)
```

MUSTERBRIEF

Außerordentliche Kündigung wegen Beitragserhöhung

Sie können einen Versicherungsvertrag auch außerordentlich kündigen, wenn der Versicherer die Beiträge erhöht, ohne gleichzeitig die Leistungen zu steigern. Oder wenn er bei gleichbleibendem Beitrag Leistungen reduziert. Die Kündigung ist möglich zu dem Termin, zu dem die Beitragssteigerung/Leistungsreduzierung wirksam wird. Beispiel: Wird die Beitragssteigerung am 1. Juli wirksam, kündigen Sie zum 30. Juni. Das außerordentliche Kündigungsrecht gilt aber nicht, wenn im Vertrag ausdrücklich eine Dynamisierung von Beiträgen und Leistungen vereinbart wurde.

```
(Absender)
(Adresse)


(Krankenkasse)
(Adresse)

                                (Wohnort), (Datum)

Krankenversichertennummer (Nummer)

Kündigung der Mitgliedschaft

Sehr geehrte Damen und Herren,

hiermit kündige ich meine Mitgliedschaft in Ihrer Kranken-
kasse fristgerecht zum (Datum).

Bitte bestätigen Sie mir die Kündigung schriftlich.

Ich bitte Sie, von Rückwerbeversuchen abzusehen.

Mit freundlichen Grüßen
(Unterschrift)
```

MUSTERBRIEF

Kündigung der Krankenkasse

Wollen Sie Ihre gesetzliche Krankenkasse wechseln, ist die Kündigung mit einer Frist von zwei Monaten zum Monatsende möglich, wenn Sie insgesamt 18 Monate in Ihrer Kasse versichert waren und keinen Wahltarif abgeschlossen haben, der Sie weiterhin an Ihre Kasse bindet. Wenn Sie also am 1. Mai in einer neuen Kasse sein wollen, muss Ihr Kündigungsschreiben bis zum 28. Februar bei Ihrer alten Kasse vorliegen. Als Kündigungstermin tragen Sie dann den 30. April ein. Dieses Kündigungsrecht haben Sie, unabhängig davon, ob Ihre Kasse einen Zusatzbeitrag verlangt oder erhöht.

REGISTER

Stiftung Warentest

IMPRESSUM

Stiftung Warentest
Lützowplatz 11–13
10785 Berlin
Tel. 0 30/26 31-0
Fax 0 30/26 31-25 25
www.test.de

Vorstand: Dr. jur. Werner Brinkmann
Weiteres Mitglied der Geschäftsleitung: Hubertus Primus (Publikationen)

Autorin: Isabell Pohlmann
Lektorat: Ursula Rieth
Fachliche Beratung: Sabine Baierl-Johna, Beate-Kathrin Bextermöller, Betina Chill, Dieter Drobkewitz, Katharina Henrich, Susanne Meunier, Michael Nischalke, Dr. Cornelia Nowack, Stephanie Pallasch, Theo Pischke, Ulrike Steckkönig
Titelentwurf: Susann Unger, Berlin
Layout: Pauline Schimmelpenninck Büro für Gestaltung, Berlin
Verlagsherstellung: Rita Brosius (Ltg.), Susanne Beeh
Grafik und Satz: Anne-Katrin Körbi
Produktion: Vera Göring
Bildredaktion: Anne-Katrin Körbi
Bildnachweis – Titel: plainpicture/OJO Images
Innenteil: Gettyimages, iStockphoto, thinkstock, Bildagentur-online
Litho: tiff.any GmbH, Berlin
Druck: Grafisches Centrum Cuno GmbH & Co. KG, Calbe

Einzelbestellung
Stiftung Warentest
Tel. 0 180 5/00 24 67
Fax 0 180 5/00 24 68
(je 14 Cent pro Minute aus dem Festnetz, maximal 42 Cent pro Minute aus dem Mobilfunknetz)
www.test.de/shop

Redaktionsschluss: Juli 2010

ISBN: 978-3-86851-300-4